FLIRTING

Come iniziare conversazioni, coinvolgere donne o uomini, flirtare come un professionista, riuscire con successo online e usare i segreti della comunicazione non verbale

Accademia dell'Amore

informazioni qui contenute, sia direttamente che indirettamente. L'autore possiede tutti i diritti d'autore non detenuti dall'editore.

Le informazioni qui contenute sono fornite esclusivamente a scopo educativo e sono universali. La presentazione dei dati è senza accordo contrattuale o qualsiasi tipo di assicurazione di garanzia.

Tutti i marchi all'interno di questo libro sono solo a scopo di chiarimento e sono posseduti dai proprietari stessi, non alleati con questo documento.

Disclaimer

Tutta l'erudizione fornita in questo libro è specificata solo per scopi educativi e accademici. L'autore non è in alcun modo responsabile dei risultati che emergono dall'utilizzo di questo libro. Sono stati fatti sforzi costruttivi per rendere le informazioni precise ed efficaci; tuttavia, l'autore non deve essere ritenuto responsabile dell'accuratezza o dell'uso/abuso di queste informazioni.

Prefazione

Vorrei ringraziarti per aver fatto il primo passo di fidarti di me e aver deciso di acquistare/leggere questo libro che trasforma la vita. Grazie per aver investito il tuo tempo e le tue risorse su questo prodotto.

Posso assicurarvi dei risultati precisi se seguirete diligentemente il programma specifico che metto a nudo nel manuale informativo che state controllando. Ha trasformato delle vite, e credo fermamente che cambierà anche la vostra vita.

Tutte le informazioni che ho fornito in questo pezzo Do It Yourself sono facili da assorbire e praticare.

CAPITOLO UNO

Capire l'arte del flirtare

Flirtare è un'usanza secolare ed è un normale impulso umano. Abbiamo bisogno di identificare come andare d'accordo con il sesso opposto (o lo stesso, se questa è la vostra preferenza) in modo da determinare come attirare la loro attenzione. Flirtare non è solo un "rituale di corteggiamento"; è anche un impulso di sopravvivenza e una parte necessaria di qualsiasi tipo di relazione sana. Io sono un flirt nato, e flirto tanto con gli amici intimi di entrambi i sessi quanto con qualcuno che mi interessa romanticamente. È ottimo per fare pratica, se non per qualcosa.

Cominciamo con il significato e un po' di storia sul flirtare.

Flirtare è definito come comportarsi come se si fosse attratti o si cercasse di attrarre qualcuno, ma per divertimento invece che per scopi essenziali: gli faceva piacere flirtare con lei. Flirt esplorare o mostrare un interesse superficiale senza impegnarsi in modo ponderato.

Flirtare dalla definizione di cui sopra sembra avere diversi significati. Possiamo flirtare con una persona tanto quanto possiamo "flirtare con la morte". Poiché inizialmente era una combinazione di due parole, flick e spurt, che sono entrambe azioni brevi e taglienti, possiamo dedurre da questo che "flirtare" è inteso come un breve incontro.

Divergerei sicuramente con la spiegazione di cui sopra che credo che flirtare sia un modo eccellente per ottenere l'interesse di qualcuno e non solo per il proprio divertimento. Ho avuto legami estremamente stretti per quello che è iniziato come un flirt innocente. Ho avuto molti incontri piacevoli e rilassati (tipicamente della varietà non sessuale) anche dal flirtare.

Gli uomini tendono ad avvicinarsi alle donne con l'intento di volere sesso. Le donne spesso tendono ad avvicinarsi agli uomini per scoprire se sono interessati (o interessanti) in primo luogo. Mi dispiace ragazzi, penso che le donne abbiano un'idea di gran lunga migliore qui. È meglio prendere il tutto con lo spirito di avere la capacità di ottenere una percezione veloce e dopo si può lasciare se così si sceglie, piuttosto che dirigersi verso l'uccisione subito. Come descritto sopra, flirtare può essere una comunicazione veloce che permette lo sviluppo di una prima percezione-Considera il flirtare come uno strumento nella tua scatola di sviluppo della connessione che raggiungi presto.

Il mondo ha bisogno di più grandi flirt. La speranza è che scoprendo l'arte soddisfacente del flirtare; più persone sapranno certamente come e perché questo dovrebbe accadere e incoraggeranno più flirt, e molti altri.

Scopri come flirtare.

Ogni persona sperimenta il flirt ad un certo punto della sua vita, che sia intenzionale o non intenzionale, e gioca un ruolo fondamentale nel trovare quella persona unica che può potenzialmente portare ad una connessione fiorente. Il principio vitale del flirtare è quello di inviare segnali agli altri che siete attratti da loro e che vi piacerebbe avvicinarvi a loro.

Quando si flirta, una delle cose essenziali da ricordare è che dovrebbe essere divertente. Se non provi piacere nel flirtare, questo sarà ovvio per le persone con cui vuoi flirtare e le allontanerà da te prima ancora di conoscerle. Devi avere una prospettiva favorevole, che può essere una caratteristica accattivante per gli altri, poiché è più probabile che tu abbia successo con un'aspettativa ottimistica.

Se realizzato correttamente, flirtare ti fa sentire adatto e specifico; inoltre, fa sentire bene la persona con cui stai flirtando perché sta ricevendo un interesse complementare. Flirtare può avvicinare due persone ed essere molto sexy. Devi riconoscere quando stai flirtando, altrimenti potresti perdere un possibile appuntamento.

Spesso i momenti di flirt più efficaci avvengono quando non te li aspetti, quindi non c'è bisogno di stressarsi per preparare un momento per flirtare. È necessario avere un equilibrio di soli flirt. Troppo flirtare può rovinare un buon scenario, e troppo poco può dare la percezione che non sei interessato.

Flirtare nel modo giusto non può essere sottovalutato. Prendi in considerazione questi "dos" e "don'ts" del flirtare per vedere se non fai quegli errori comuni di flirt.

Flirtare - Do's.

Più queste tecniche vengono applicate, più saranno naturali per voi, portandovi a mostrarvi sicuri di voi stessi e ad apprezzarvi.

- Quando flirti, assicurati di avere un contatto visivo regolare con la persona con cui stai flirtando.

Cercate di farlo sembrare tutto naturale, ricordando di non guardare altrimenti potreste spaventarli.

Quando avete una discussione, trattate argomenti che amate e che vi interessano. Questo aiuterà a mantenere la conversazione fluida e mostrerà che sei una persona eccitante e felice.

- Presta attenzione a ciò che dice l'altra persona.

Mostrando interesse per loro, state indicando che siete premurosi e apprezzate sinceramente la loro compagnia.

Tocca delicatamente la persona con cui stai flirtando sul braccio o sulla mano per mostrare che hai un interesse per lei, ma fai attenzione a non esagerare.

- Siediti in posizione eretta con il mento in alto.

Riposare o stare in alto ti dà la fiducia necessaria per i momenti di flirt perfetti.

Questo dice automaticamente all'altra persona che sei veramente felice di incontrarla. Una calorosa stretta di mano può stabilire il momento del flirt in un inizio eccezionale.

Quando iniziate una discussione, cercate di usare espressioni come "penso" o "chiedo". Iniziando una frase in questo modo, si lascia la discussione aperta affinché l'altra persona condivida il suo punto di vista.

Mentre pratichi queste tecniche, finirai per essere uno specialista nel flirtare senza esagerare. Scoprirai inoltre come rilassarti e apprezzarti veramente.

Flirtare - Don'ts.

Sbagliare a flirtare è purtroppo molto semplice. Per attirare qualcuno, potresti ritrovarti a spaventarlo prima di dover dire una parola. Hai intenzione di dare l'impressione di essere reale e di voler essere familiare con loro, non di essere percepito come poco entusiasta o solo dopo una connessione fisica. Se eviti le seguenti catastrofi da flirt senza tempo in qualsiasi modo prezzi, avrai molti momenti di flirt di successo.

- Dovete evitare battute poco piacevoli.

Le linee di chat-up allontanano immediatamente le persone e sono anche un disastro significativo per flirtare.

- Cerca di non agitarti.

Fidgeting mostra che sei ansioso e impacciato, che non sono caratteristiche che hai intenzione di mostrare al tuo compagno di flirt.

- Cerca di non guardare per terra mentre flirti.

Assicurati di guardare gli occhi della persona con cui stai flirtando per mostrare che sei desideroso e concentrato su di loro.

- Evitare l'uso di espressioni come "y" o "yeah".

Queste espressioni possono farvi sembrare poco istruiti e un possibile rifiuto per molti.

- Non incrociare le braccia sul petto mentre si flirta.

Questo dà l'impressione di essere sulla difensiva nei confronti degli altri, che non è l'impressione che si desidera trasmettere quando si flirta.

- Quando si ha una conversazione, non usare suoni come "erm" o "huh".
- Evita di attaccare o masticare le unghie e di prelevare la pelle mentre flirti.

Queste pratiche orribili non sono per i momenti di flirt. Mantenete questo comportamento a porte chiuse.

CAPITOLO DUE

Suggerimenti per flirtare come un professionista

Il flirt avviene in diverse parti, come la faccia, il linguaggio del corpo e i modi in cui qualcuno parla. Questi sono intesi come segni di flirt. Alcuni segni di flirt sono ragionevolmente evidenti, come l'ammiccare, il sorridere, il fissare, l'alzare le sopracciglia, e anche il discutere delicatamente il braccio. Altri segni di flirt non sono così evidenti.

I dieci consigli principali per flirtare

- Evita le brutte frasi da chat. Sono un'immediata disaffezione per molte persone.

- Avere una prospettiva favorevole. È più probabile che tu abbia successo con una prospettiva piacevole e tieni presente di parlare di argomenti che apprezzi piuttosto che di elementi che non ti piacciono.

- Assicurati di avere un sorriso sul viso per mostrare che sei a tuo agio e che ti stai divertendo.

- Stabilisci un contatto visivo regolare con la persona con cui stai flirtando, ma non fissarla.

- Fai i complimenti alla persona con cui sei, perché a tutti piace essere lusingati.

- Cerca di non agitarti perché ti farà sembrare a disagio.

- Ascoltate attentamente la persona con cui siete e guardate anche con curiosità quello che dice.

- Non incrociare le braccia sulla parte superiore del corpo perché questo dà l'impressione di essere una persona sulla difensiva e potenzialmente inavvicinabile.

- Siediti o stai in piedi e affronta anche la persona con cui stai flirtando per mostrare che sei attento a lei.

- Tenete a mente di avere una faccia rilassata. Quando sei rilassato, e gli altri senza dubbio raccoglieranno il tuo piacere e la tua prospettiva sicura.

Flirtare deve essere un'esperienza divertente, non un trauma. Rispettando questi consigli essenziali, scoprirai che flirtare è tutto un divertimento e non qualcosa per cui stressarsi. Man mano che pratichi queste tecniche, flirtare finirà per essere del tutto naturale per te, e idealmente ti troverai ad avere diversi appuntamenti di buon auspicio.

Flirtare con gli uomini è così piacevole e comodo. Allora perché non lo pratichiamo? Un uomo ha scritto di recente che flirtare è un mezzo eccellente per le donne per attrarre gli uomini, eppure lui "non l'ha ancora sperimentato da una donna". Molte signore non sanno come flirtare con gli uomini. Qui sotto ci sono alcuni consigli utili:

1. Il flirt è spiritoso, non serio.

Se fai delle lodi a un ragazzo, stai flirtando? Se fai una chiamata con gli occhi, conta come un flirt? Se uno sconosciuto ti ha preso in giro mentre stavi pedinando il bar, stava flirtando?

Ricordate come i bambini vi prendevano in giro alle elementari, e voi li prendevate in giro a vostra volta? Questo è il tipo di spirito vivace che vuoi evocare mentre flirti (anche se non consiglio di tirare le trecce a nessuno!).

Un incontro civettuolo include generalmente tre componenti:

1. Umorismo (o arguzia).
2. Una minaccia, e anche.
3. Uno schermo di interesse

Per esempio, un commento divertente è un mezzo convenzionale per iniziare a flirtare con qualcuno, ma essendo il primo a fare una mossa, ti stai mettendo a rischio di essere rifiutato.

Chi inizia a flirtare potrebbe trovare imbarazzante mettersi nella posizione di rischio di mostrare la propria passione ad un'altra persona senza sapere se anche quella persona risponderà. Ecco perché il seguente fattore è così importante.

- Il miglior metodo di flirt per tutti.

Flirtare è una delle più grandi felicità della vita, e dovrebbe essere esercitata in qualsiasi momento e ovunque possibile.

Ti fai dei buoni amici più facilmente. Si finisce per essere l'anima della festa. Trovi molto più facile intavolare una discussione con gli estranei.

Meglio di tutto, quando flirtare è del tutto naturale per te, non ti sentirai più in imbarazzo di fronte a un uomo di bell'aspetto che vorresti certamente conoscere meglio. Ti sentirai benissimo perché sai che la gente ha apprezzato il tuo flirtare. Non avrai nemmeno il tempo di diventare nervosa, dato che le tue capacità di flirtare inizieranno e cominceranno la conversazione per te.

Ma essere il miglior flirt del mondo non ti proteggerà dall'unico punto che ogni flirt deve affrontare: il rifiuto.

- Non prendere il rifiuto personalmente.

L'unico modo specifico per eliminare lo spirito di flirt è quello di vederlo in relazione al successo e al fallimento.

Per fortuna, le tue possibilità di essere rifiutato sono meno di quanto pensi. La maggior parte degli individui passa attraverso la vita, desiderando una maggiore connessione con gli altri. Quando siamo in piedi in un ascensore affollato o in fila in un negozio, la maggior parte di noi vorrebbe che qualcuno iniziasse una conversazione con noi.

- Pensa al tuo flirt come a un'offerta

Stai offrendo a qualcuno la possibilità di una relazione, e se non ha intenzione di prenderla, la fornisci semplicemente alla prossima persona.

Sfortunatamente, l'arte del flirtare è diminuita così sostanzialmente che molte persone non sanno cosa fare quando qualcuno flirta con loro. Potrebbero sentirsi in imbarazzo e girarsi dall'altra parte o trascurare lo sguardo o il commento civettuolo perché non hanno alcun indizio di ciò che devono fare.

Se mantieni uno stato d'animo vivace mentre flirti, e lo pratichi in qualsiasi momento, ovunque tu possa, scoprirai che le tue ansie di rifiuto si dissipano fino a non ricordare più perché hai permesso loro di impedirti di fare la prima mossa.

Ogni ragazzo vuole capire esattamente come flirtare con una donna. Bene, dopo anni di prove ed errori, ho trovato i veri segreti del flirt.

Ho scoperto che la regola d'oro del flirtare è quella di non usare le tipiche frasi da rimorchio. Non usare qualche battuta logora per rimorchiare che hai preso da un'e-mail, da un sito web o da una rivista. Ho visto uomini usare queste battute in un modo che la donna ridacchia, e questo danneggia il ghiaccio.

D'ora in poi, per favore non dite cose come: "Ehi, posso avere il tuo numero? Sembra che io abbia perso il mio" o "Wow, non avevo riconosciuto che gli angeli volassero così ridotti! Fino a quando non avrete afferrato l'arte del flirtare, non fate uso di questo tipo di battute.

Alle signore non piacciono queste linee perché ti sminuiscono come un ragazzo. Volete farle sentire quella mitologica sensazione viscerale chiamata destinazione.

L'attrazione può essere attivata in qualsiasi donna se sai come. Non è usando linee di chat up inefficaci.

Flirtare è uno degli interruttori di attrazione che accendono le donne. Quindi come flirtare correttamente?

Prima di entrare nel vivo del flirt, vorrei che consideraste sempre l'ambiente del vostro flirt. In particolare, voglio notare che il flirt in ufficio è diverso dal flirt sociale. Sembra ovvio, ma si vuole essere consapevoli di flirtare al lavoro. Attualmente, qui sotto ci sono le basi del flirtare. Installa questo nel tuo flirtare.

Sorridere.

Questo è essenziale quando si tratta di flirtare. Il flirt deve essere divertente e giocoso. Vedrai anche quando arriveremo all'umorismo che sorridere dimostra che non sei serio. Ti rende avvicinabile. Sono sicuro che invece di parlare con una ragazza che ti sorride! Sorridere è un'espressione globale che viene fatta da tutti in tutto il mondo!

Non dovete sorridere durante tutto il flirt. Sarebbe anormale

Contatto visivo.

Non è frustrante come alcune persone sembrano essere in grado di flirtare con le signore come se fosse la cosa più semplice e naturale del mondo, mentre il pensiero di flirtare con le donne fa sì che altri diventino deboli? Tutto ciò di cui hai bisogno è la capacità di flirtare.

Ricorda che non è niente di personale

Prima di iniziare a tuffarci nei metodi di flirt efficaci e tutto il resto, la prima cosa che dovete sapere è che la paura del rifiuto è, in realtà, la preoccupazione principale tra gli uomini, e alcuni uomini la sentono anche quando la femmina flirta con loro per prima. Sfortunatamente, questa paura è anche ciò che trattiene la maggior parte degli uomini dall'avere l'opportunità di afferrare la donna giusta. Tutti nascono con la capacità di flirtare con le donne, ma molti non hanno idea di come attingere a questo, non sono mai stati istruiti e di conseguenza non hanno idea di come affinare queste abilità. Ecco alcuni dei migliori metodi di flirt fondamentali che puoi usare per attrarre le donne.

Come sapere cosa vogliono le donne

Per essere colpito dalle donne, devi sapere che le donne raramente specificano ciò che dicono riguardo all'attrattiva di un ragazzo. Sono questi attributi che dovresti imparare a mostrare e raffinare quando flirti. Se sei una donna sexy, hai per lo più uomini che cercano di chiacchierare con te ogni giorno (se non ogni ora).

La fiducia è la chiave

In genere, questo è lo scoglio della maggior parte degli uomini quando si tratta di flirtare con successo con le donne. La loro sicurezza (o anche pomposità) è un estremo eccitante per le donne. Questo ha a che fare con la loro imprevedibilità che li rende affascinanti per le donne. La fiducia è spesso percepita come qualcosa che si ha o non si ha. Questo è un mucchio di sciocchezze. I due punti interessanti su questo sono: in primo luogo, eri un incapace fino a quando non l'hai praticato ripetutamente, e in secondo luogo, la fiducia aumenta esponenzialmente con la pratica ripetuta. E non si può migliorare se non si fa pratica. Quindi la pratica rende perfetti, mio buon amico. Datti da fare e inizia ad avvicinarti!

Essere divertenti - seriamente

Per questo motivo, una donna approverà un po' di flirt se si mantiene il tono un po' umoristico. Flirtare con le donne dovrebbe essere un compito divertente. Il metodo di flirt migliore in assoluto è in realtà quello di sviluppare un po 'parlato in competizione con la donna.

Scoprire e impiegare il linguaggio del corpo 'Alpha

Flirtare con le donne implica non solo capire quale linguaggio del corpo usare, ma anche come analizzare il linguaggio del corpo di una donna. Per esempio, se la donna che stai adocchiando preme le sue dita lentamente con i suoi capelli mentre stai parlando, è interessata. Eppure, se lei corre le sue dita tra i capelli rapidamente o in movimenti snagging, dopo di che, sarebbe meglio per voi di cambiare il vostro piano o forse fare la vostra partenza come si può essere sprecare il vostro tempo lì. Rivelando un linguaggio corporeo acuto, puoi aumentare di mille volte il tuo bell'aspetto nella comprensione di te da parte di una donna. L'interazione non verbale è più vitale per le donne che per gli uomini. Devi a te stesso di imparare questo.

Distinguersi dalla folla

Naturalmente, il tuo aspetto conta nel flirtare con le donne. Questo non vuol dire che solo gli uomini di bell'aspetto hanno un'opportunità di battaglia nel gioco del flirt. Invece, significa solo che devi sapere come evidenziare il meglio di te stesso, fisicamente e soprattutto, per distinguerti sottilmente dal gruppo. Ci sono diversi approcci per trasformare la persona più insignificante in qualcuno che avrà donne che muoiono dalla voglia di sapere di più su di te. Il processo di 'Peacocking' significa avere un design fresco di outfit che ti separa dalla folla e agisce come un fantastico antipasto di discussione.

Fino a che punto devono spingersi gli uomini e le donne che flirtano?

Flirtare è scusato come un passatempo da diversi uomini e donne. Le donne che flirtano usano le citazioni di flirt per analizzare se sono ancora abbastanza attraenti per attrarre un ragazzo. Diversi uomini che flirtano sono sicuri che flirtare non influenzerà la loro vita.

Le donne che flirtano devono permettere ai loro coniugi di conoscere le loro attività di flirt. Dopo di che, gli uomini che flirtano devono permettere alle loro donne di sapere a cosa indulgono se il flirt è fatto tutto in nome del divertimento. Se non va oltre i confini, il coniuge sarà abbastanza sensibile da approvare le abitudini. Nel caso in cui il comportamento cessi di essere informale e innocente, abbandonatelo prima che sia troppo tardi. Eventi matrimoniali e altre indesiderabili relazioni incantevoli nascono da un flirt sofisticato in cui si ottengono tocchi sessuali. In questa fase, diventa difficile smettere di flirtare. Il flirtare è preso azione anche se, è molto sbagliato. Generalmente, essere flirty è spontaneo perché accade solo come risposta ad un uomo/donna che trovi attraente.

Le donne o gli uomini che flirtano devono sempre esaminare la loro ispirazione. Scoprire con sincerità perché si è ancora eccitati a flirtare con qualcuno del sesso opposto, apprensione le cose quando la circostanza si dirige fuori mano, e non fare scuse - evitare di flirtare, che potrebbe mangiare nella vostra partnership attuale. Gli uomini o le donne che flirtano potrebbero scegliere la pratica da Internet. I siti web sono noti per dare alle persone anche ai single l'opportunità di flirtare liberamente. La situazione primaria per lo più sfugge di mano con il flirt che prende una strada diversa. Un sacco di obiettivi di flirt online sono entrati negli spazi di chat cercando di trovare eccellenti citazioni di flirt e hanno finito per essere agganciati. Esattamente quanto erano oneste le persone con se stesse? Se avessero risolto la questione, la menomazione della relazione non sarebbe avvenuta.

Un sacco di donne e uomini sposati flirtare consapevolmente avventurarsi in chatroom in piena comprensione delle implicazioni. Entrano 'innocentemente' a far parte del matrimonio e anche dei siti di incontri per flirtare eppure dicono che non sapevano di fare qualcosa di sbagliato. Danno scuse come l'ottusità, il bisogno di divertirsi momentaneamente; i loro coniugi non hanno interesse nel sesso, per citarne alcuni. Confessano di essersi iscritti ai siti web alla ricerca di citazioni di flirt per ravvivare il loro rapporto e salvare anche la loro relazione coniugale. Alcune coppie possono flirtare e ignorarlo mentre altre si sentono tradite anche se non c'è contatto fisico. Gli uomini e le donne che flirtano devono capire i livelli di comfort dei loro coniugi e imparare a valorizzarli. Flirta i tuoi modi in una relazione romantica degna di lode se sei ancora single.

CAPITOLO TERZO

Just Be Friends, "La zona innocua".

Quando due individui si vedono, e uno non si "sente", l'altro è inevitabilmente pronto a fare il discorso "Just Be Friends". La maggior parte delle persone ovunque teme ampiamente il 'JBF', perché inevitabilmente potrebbe non finire come previsto. Il JBF è più comune tra le signore, anche se la maggior parte degli uomini lo vede come un'opportunità dimenticando di essere stati solo friendzone. Se sei limitato lì, potresti non saperlo, e potresti essere abbastanza ingenuo da pensare di arrivare da qualche parte con le donne mentre interagite insieme.

La parte sciocca del JBF, tuttavia, è che le persone "innocue" di solito possono cavarsela con spettacolari dimostrazioni di flirt con i fighi, affascinando diverse persone intorno a loro.

Come fanno i ragazzi a finire nella zona "innocua"?

Una volta molti di noi erano fuori in un ristorante che era particolarmente riconosciuto con cameriere accattivanti. Il figlio undicenne di qualcuno iniziò a scherzare con una di queste cameriere in modo particolarmente sfacciato. Prima che la sua imbarazzata mamma potesse cercare di disciplinarlo per la sua 'maleducazione', qualcosa di bizzarro aveva già iniziato ad accadere. La cameriera rispondeva al ragazzo in modo affettuoso, culminando con un bacio sulla guancia. Un ragazzo del genere si può dire che sia senza vergogna.

I ragazzi timidi e socialmente inesperti ottengono tipicamente un'attenzione speciale da certe donne attraenti, eccezionalmente molto piacevoli e anche estroverse. Tali donne sanno intrinsecamente che queste persone molto probabilmente non ricevono alcuna attenzione femminile, e di conseguenza sorridono loro e persino li abbracciano perché sono timidi. Ciononostante, queste persone socialmente impedite non saranno abbastanza sciocche da agire in base a ciò o altro.

Se guardate qualsiasi tipo di lista di controllo di ciò che le donne desiderano in un uomo, vedrete che l'umorismo sarà sempre tra i primi tre. L'umorismo è qualcosa che si può trasmettere rapidamente e dare come un eccellente rompighiaccio o apertura pure. Non dovresti, tuttavia, essere un clown o un giullare. Questo non attirerà l'attrazione.

Hai bisogno di una piccola presunzione o arroganza al tuo spirito. Rendi la tua distribuzione leggera, divertente e casuale. Mettila sul posto mentre la fai ridere.

Le donne sono suscettibili al tocco. In breve, una donna accoglierà il tuo tocco quando si sentirà sicura con te. Sì, puoi contattare una donna che hai appena conosciuto per cinque minuti.

Il modo migliore per iniziare il tocco è quello di dirigere letteralmente una signora, che sia conformarsi al bar o portarla fuori su una passerella in movimento. Ordino delicatamente il suo braccio con una mano e metto l'altra mano sul piccolo della sua schiena (schiena ridotta) e la guido. Rilascio dopo averla eccitata.

Se lei ti tocca per prima, allora il gioco è fatto! Non andare troppo lontano e velocemente. Questo è comunemente un segno rivelatore di passione se lei ti tocca per prima.

Consiglio a tutti di uscire e fare pratica, pratica, pratica! Come per qualsiasi abilità, si migliora con la PRATICA!

Qui ci sono alcune altre note che vorrei certamente dire quando si flirta:

Il tuo obiettivo è quello di sviluppare le tue capacità di flirtare e vedere cosa funziona e cosa no in diversi tipi di situazioni. Flirtare è una tecnica senza rifiuto per incontrare le donne.

Sii favorevole e giocoso. Entra in qualsiasi tipo di flirt con una mentalità divertente e in uscita. Le donne rispondono a questo, e tu devi rimanere in quella modalità. Guarda qualche sit-com o ripassa qualche battuta divertente per metterti in quello stato d'animo.

Mi piace sempre includere questo nella maggior parte delle interazioni con le donne.

Rispettate le strategie e anche i concetti trattati qui, e vi garantisco che sarete un buon flirt. Una delle parti essenziali è la pratica. Esci e flirta!

Definire la fase del flirt

Seducente o piacevole?

Molte persone hanno una fiducia ferma, che le rende abbastanza resistenti da chiedere alle donne un appuntamento solo perché gli fa piacere. Se invece mettere il tuo cuore in gioco non è ancora quello che vuoi fare, resisti e vedi se la donna flirta con te. Come fai a percepire se la ragazza sta flirtando con te o è solo gentile?

Concentratevi su di esso se lei sorride. Ma, il sorriso da solo è impegnativo per determinare se la ragazza si sta semplicemente comportando o sta flirtando, ma tutto dipende da alcune cose. Per identificarlo, esaminatelo prontamente. Ci possono essere sorrisi inespressivi, che sembrano tesi e forzati. In questo caso, lei non sta flirtando, sta solo andando fuori strada per essere grande. Al contrario, si avranno i sorrisi di eccitazione e seduzione. Quando una ragazza è eccitata per il contatto, sorriderà, riderà e arrossirà anche un po'. Questo è flirtare al massimo. Un sorriso seducente significa che lei ha qualcosa che va oltre l'evidente. Il momento è ora; lei è matura per essere spennata, quindi avvicinati a lei. Naturalmente, con quel tipo di sorriso, lei potrebbe batterti sul tempo.

Per esempio, la ragazza fa il contatto visivo; dovete sapere che il contatto visivo può essere imbarazzante perché tutti noi facciamo il contatto visivo; non sempre significa che lei sta flirtando con voi. Se la ragazza si mette in strategia, ti guarda profondamente negli occhi mentre parla, sta flirtando al suo livello più provocatorio, o almeno si sta caricando della vostra discussione.

Se lei dà un'occhiata al tuo corpo, come detto in passato, alcune donne possono tenere un sorriso seducente. Tuttavia, c'è l'informale una volta valutare. D'altra parte, una grande indicazione che è il momento di fare il vostro passo se lei sorride mentre lei guarda il tuo corpo tutto e tiene anche, che significa una porta aperta per voi di agire ora. Funzionerà a vostro vantaggio, quindi non lasciatevelo sfuggire.

Se la ragazza si allontana dalla folla, fai attenzione! È probabile che non solo stia flirtando, ma che stia anche aspettando che tu inizi una conversazione. Finché la ragazza non si dirige verso la porta d'ingresso o verso il bagno, il suo interesse è probabilmente concentrato su qualcun altro.

Se lei si avvicina a te, è probabile che stia flirtando con te se è un'impostazione libera, e inoltre, la ragazza si avvicina a te. Con altre 20 persone nella zona e lei ti individua, come mai? Perché trova qualcosa di sessualmente attraente in te, può essere. Se non sei sicuro, aspetta altri segni di flirt. Lei flirta sorridendo, stabilisce un contatto visivo, fa domande, o aspetta e parla con te invece di socializzare con i suoi amici. Se è così, lei lo sta mettendo in pratica.

A questo punto, potresti avere un buon indizio per capire se una ragazza sta flirtando con te o è solo gentile, quindi potresti chiederti cosa fare dopo. Se lei non sta flirtando con te, non lasciare che questo ti rallenti.

Se sta flirtando con te, beh, questa è un'altra storia. Non pensare che una ragazza a cui piaci e che ti ha offerto dei segnali faccia la prima chiamata. La maggior parte delle femmine flirta e anche dopo, aspetta una risposta.

Dopo aver iniziato una conversazione con una ragazza, nonostante lei abbia flirtato o altro, se ti piace ancora, chiedile di uscire. "Wow, è stato fantastico, perché non ti do il mio numero e forse ci incontreremo prima o poi?" una parola che funziona bene. Questa linea è eccellente da usare perché mostra il tuo interesse senza applicare una pressione eccessiva. Non spingere mai una ragazza a fissare una data in quel momento, a meno che lei non fornisca. Desideri un appuntamento piacevole con una ragazza perché le piaci, non perché è stata spinta a farlo.

CAPITOLO QUATTRO

Linguaggi del corpo per flirtare

Sai che il linguaggio del corpo per flirtare è vitale da ottenere in questi giorni. Lascia che ti dica come:

1. Conoscere alcuni dei segni cruciali del flirt

2. Iniziare a imparare come usare da soli il linguaggio del corpo per flirtare

3. Ottenere più date successivamente

Linguaggio del corpo per flirtare - segni chiave

Andiamo al sodo. Quali sono i tre principali segnali di flirt?

1. Il salto di capelli

2. Una stanza con un colpo d'occhio

3. Un sorriso

Voglio mantenere questo semplice. Ci sono molti altri segni di flirt, ma se stai leggendo questo, probabilmente sei pressato dal tempo. Quindi questi sono i tre principali.

Il lancio dei capelli.

E onestamente, usato soprattutto dalle donne, dopo tutto, sono le donne che iniziano il 75% di tutti gli incontri. È una bella combinazione di grooming e self-touching, entrambi segni subconsci di interesse. Stai comunicando con una donna (o tu sei quella donna), e loro continuano a toccarsi i capelli e a passarci le dita, a premerli sull'orecchio o sulla spalla, a girarli intorno a un dito. È un segno di interesse. Non è altro che un segnale che sono un'inevitabilità per quanto riguarda l'ottenere un appuntamento, eppure è il più grande dei segni non verbali.

L'area che racchiude lo sguardo è usata a distanza per quando non siete ancora stati presentati. Inoltre, è la donna che sorveglierà la stanza. Quando il suo sguardo torna su di te (o tu continui a guardare l'uomo che stai cercando) quel breve, una piccola pausa di contatto visivo, è un segno cruciale di flirt.

Combina l'occhiata o lo sguardo di cui sopra con un sorriso, e hai uno dei segnali di flirt più spesso usati, tradizionali e lontani.

Sì, ci sono altri segni di flirt. E sicuramente non è quasi riconoscere i sintomi stessi, ma questi sono i tre segni principali.

Siete mai stati colpevoli di aver scoperto qualcosa che volevate sapere e poi non l'avete mai messo in pratica? Sinceramente, lo faccio ancora a me stesso ogni volta, e sono un professionista dell'apprendimento! Non scoprirai di flirtare leggendo dei segnali di flirt. La pratica è l'azione più cruciale per imparare a flirtare o essere bravo a rivedere i segnali di flirt.

Ecco un esercizio per aiutarvi;

Se sei una donna, la femmina prende il primo segno iniziale, il giro dei capelli, e fa esercizio. Supponiamo che sia più facile per te, in uno specchio. So che questo sembra stupido, ma se non si tocca o gira i capelli naturalmente in comunicazione con i ragazzi che ti piacciono, è necessario renderlo qualcosa che sarà veloce e generale per voi.

In seguito, mettiti in testa consapevolmente di toccarti i capelli ogni volta che sei fuori con un ragazzo e vuoi mostrare un po' di interesse. Dovrai esserne consapevole all'inizio, finché non ti allenerai a farlo naturalmente. Potrebbe sembrare semplice sulla carta, ma questa è la parte che richiede sforzo e anche perseveranza.

Uomini - qui avete il compito meno complicato. Ma avete ancora bisogno di esercitarvi nella sensazione di dover essere in grado di trovare questo segnale. Andate ad un incontro sociale. Controlla alcune donne che flirtano con altri uomini e cerca questo segnale di flirt. Potresti impiegare alcune notti di osservazione solo per prendere confidenza con la tua capacità di identificare questo segnale rapidamente e facilmente. Inizia a cercare le donne che stanno flirtando con te quando sei nel giusto stato d'animo che puoi raccogliere rapidamente il segnale in situazioni di flirt che non ti coinvolgono.

Può fare commenti suggestivi

Un flirt sociale trova che flirtare sia divertente, e di conseguenza lo fa in ogni occasione che ha. Saranno evidenti nel loro flirtare durante una conversazione, e possono anche fare alcuni commenti suggestivi. Potresti essere più abituato a flirtare in modo sottile; tuttavia, a questo punto, dovresti essere pronto a cambiare il tuo modello per essere più sincero. Flirtare in questo modo può essere molto divertente, ma dovresti essere prudente per non dire nulla di offensivo.

Flirtare con un flirt sociale ti darà la possibilità di stabilire le tue capacità e la tua strategia. Può anche essere piacevole, ma devi sapere come controllare i segni in modo appropriato.

Per coloro che hanno intenzione di essere migliori con le donne, andate avanti e imparate le conoscenze e anche le abilità che vi daranno il controllo e non permetteranno alle donne di avere sempre il controllo della situazione. Fidatevi, non ve ne pentirete!

Nel flirtare di base, i segni sono simili sia per gli uomini che per le donne; tuttavia, ci sono alcuni segni di flirt unici per le donne. Spesso un ragazzo non si rende nemmeno conto che sta flirtando a meno che una donna non dia una chiara indicazione, ma molti segnali di flirt sono più delicati.

È essenziale per te scoprire come flirtare in modo appropriato e corretto, così come dipende da te identificare quando vieni preso in giro. Non riconoscendo i segnali di flirt, si corre il rischio di perdere un'opportunità di flirt, che avrebbe potuto portare a incontrare un partner eccezionale.

Ci sono diverse forme di flirt, comprese le facce, il movimento del corpo, la discussione, e anche i segnali di flirt variano dall'ammiccare alla direzione in cui ti siedi. Qualunque indicazione di flirt tu scelga di usare, non devi abusarne; altrimenti, potresti finire per sembrare sciocco, specialmente se usi male il segnale di tremore delle ciglia.

Un'espressione facciale è uno dei segni di flirt più evidenti da esprimere. Il viso di una donna è tipicamente la prima area controllata da un uomo, quindi il valore di un'espressione facciale non può essere preso troppo alla leggera perché potrebbe fare o danneggiare un momento di flirt. Le facce per flirtare includono: ammiccamento, un sacco di occhi con studenti dilatati, ammiccamento rapido, uno sguardo prolungato, ciglia svolazzanti, sonno con movimenti rapidi degli occhi, grandi quantità di sorrisi, leccare/stuccare/mordere le labbra, denti esposti, toccare i denti con la lingua, tono della pelle arrossato, una fronte curva, toccare il mento o la guancia, strofinare i capelli e far roteare i capelli intorno al suo dito. Ricorda di usare queste facce in piccole quantità. Scegliete semplicemente quelle che sicuramente sareste a vostro agio ad usare e praticatele. Può essere d'aiuto guardarsi allo specchio e osservare se stessi, anche se ti fa sentire sciocco.

Il movimento del corpo gioca una grande parte nel flirtare, ed è questa posizione dove alcuni non sanno che stanno flirtando. I tuoi movimenti corporei civettuoli possono consistere in, sedersi a gambe aperte incontrando il tuo partner di flirt, premere i tuoi busti in una direzione esterna, riposare andato attraverso le gambe, appoggiarsi nel corso di un altro mantenendo il contatto visivo, giocare con i tuoi gioielli, toccare la loro mano / braccio / spalla / gamba superiore, potresti vederti ripetere i loro movimenti del corpo, rivelerai la tua mano a loro, esponendo la carne del tuo braccio o gamba superiore (non così tanto), giocando con le tue mani, e seducentemente muovendo a musica mentre li guarda. Come per le espressioni facciali, è fondamentale non abusare di questi segnali di flirt, altrimenti si corre il rischio di dare l'impatto sbagliato o di mostrarsi angosciati e impacciati.

Alcuni segnali di flirt possono essere sexy, in particolare premendo i vostri busti fuori, sottoponendo un po' di carne dal vostro braccio o dalla parte superiore della gamba, o sedendo a gambe aperte verso un altro. Se scegliete di fare alcuni di questi passi, prendete nota di non guardare la parte superiore, in particolare se state mettendo una gonna corta o un crop top basso. Si corre il rischio di dare l'intenzione che si sta solo dopo un'esperienza legata al sesso, che non è l'effetto che si desidera distribuire quando si flirta.

La gente comunemente si preoccupa di cosa parlare mentre si flirta. Cerca di discutere un argomento che ti piace e desideri, altrimenti potresti rilasciare la percezione che sei stanco e disinteressato sia all'argomento che alla persona con cui stai parlando. I segni cruciali di flirt di discussione sono ridacchiare molto su ciò che affermano, e inoltre, ti troverai a corrispondere al tono e al ritmo della loro voce. Se stai pensando di flirtare con qualcuno in un gruppo, ti ritroverai davvero ad individuarlo, o se ti stanno prendendo in giro, ti ritroverai davvero ad essere individuato.

Sia che tu scelga di usare uno o la maggior parte di questi segni di flirt, la cosa essenziale da tenere a mente è di divertirsi. Dal momento che non si esagera con i segnali di flirt e si scopre di rilassarsi e divertirsi, non si dovrebbero avere problemi a flirtare.

CAPITOLO CINQUE

Incontri online di successo

Oggi, siamo nel mondo della modernizzazione in modo da poter sempre decidere se si attacca al vecchio metodo familiare di conoscere qualcuno e impegnarsi in incontri con loro, o tentare il modo nuovo e anticipo di incontrare persone, avere un appuntamento con loro, e, infine, trovare quello che può essere il migliore per voi. Ecco che arriva la datazione online in cui si può riuscire a incontrare intrigante, e nuove persone in base al loro profilo visualizzato.

Come uscire online è la preoccupazione di molti che sono appena nuovi a questo modello e desiderano conoscere qualcuno più a fondo in meno sforzo del solito. Chi dice che solo le persone inguaribilmente romantiche sono quelle che chiedono come uscire online?

Per la cronaca, ce ne sono molti, e la maggior parte di loro ha voluto provare questo a causa di avere un programma occupato.

In questo libro, andrò oltre le risposte su come uscire online e darà un altro noto e consigli pratici su come avere successo e come avere un appuntamento sicuro.

Indubbiamente, molti sono affascinati dal dating online fornito da molti siti. Essi sono dotati di un look fresco e modi più emozionanti su come incontrare qualcuno. Hanno anche una procedura veloce e preparato su come datazione online.

Come uscire con qualcuno online?

Per cominciare, dovete selezionare il sito online che userete. Ora, il migliore che offre servizi eccellenti che possono soddisfare le vostre esigenze e desideri è il migliore da considerare. Inoltre, dovete pensare se quello che avete scelto è un sito sicuro. Devi assicurarti che quello che hai selezionato può mantenere tutti i dettagli che hai codificato saranno tenuti spirituali prima di procedere al passo successivo.

Il modo in cui i servizi dei siti di incontri online proteggono e conservano i tuoi dati è molto importante. Ricorda che il servizio di incontri online è a pagamento, quindi devi essere ragionevole.

Il prossimo passo sarebbe il più cruciale ma il più difficile quando hai finito il livello menzionato sopra; ogni membro è necessario creare un profilo.

Il tuo futuro su come uscire conta su questo. Se non ottieni il numero esatto di dater, ci deve essere qualcosa di sbagliato nel profilo che hai creato. Puoi chiedere aiuto a dei professionisti, o puoi scegliere di cambiare alcune informazioni secondo i tuoi desideri, purché non infranga le linee guida e tu sia completamente sincero con loro.

L'abbinamento dei pretendenti è uno dei servizi offerti dalla maggior parte dei servizi di incontri online. Tuttavia, fate attenzione alle frodi che possono incontrare la linea.

Guardando la chatbox, essere online significa che uno dei membri è online e pronto a chattare; sarà un'ottima e sensata idea chattare prima e poi andare avanti per incontrarli personalmente. Con questo, puoi essere più sicuro e avrai più tempo per conoscerli meglio.

È una delle regole in alcuni siti di incontri online. Tuttavia, se ci si trova in una relazione di lunga durata su internet, si potrebbe decidere di vedere l'altro per avere una data effettiva nella vita reale. Prendete tutte le risposte appropriate e corrette su come gli incontri online personali possono essere attivi. Tuttavia, se la cosa non funziona veramente bene, allora è il momento in cui è necessario imparare dai vostri errori e portare avanti per tentare un'altra fortuna.

Per includere più, se si sta interrogando come data online con successo, allora si deve avere il tempo su come online dating passi da seguire.

Non esporre la tua vera identità fino a quel momento in cui vi conoscete quasi del tutto.

Poiché non sapete quanti di loro sono reali e quanti sono falsi, limitatevi a fare affidamento sugli estranei. Potresti metterli alla prova ripetendo solo le domande che hai fatto loro molto tempo fa e determinare se otterrai le stesse risposte.

Se siete arrivati al momento in cui volete incontrarvi, ditelo ai vostri amici. Fissate la data in un luogo pubblico dove ci sia molta gente e non cambiate mai il luogo. Imposta la data sul calendario online in modo da non perderla.

Non usate la vostra auto quando vi agganciate. Il numero del veicolo è una fonte eccellente per scoprire tutto su di te, dai tuoi dati ai tuoi spostamenti.

Evita di lasciare qualsiasi cosa incustodita e guarda sempre dal tuo appuntamento alle tue bevande. Assicurati che la bevanda che stai prendendo sia senza alcol per impartire l'autocontrollo.

Come uscire online è una delle domande frequenti, ma il 17% degli individui che si sposano, si sono incontrati online. Per questo motivo, si può veramente vedere che la datazione online può sembrare affidabile ma difficile.

Come uscire online è facile rispondere fino a quando si seguiranno le regole e tutti i suggerimenti forniti per voi. Come datare le norme online è qualcosa che si dovrebbe sempre curare e non rompere mai per la vostra sicurezza e beneficio.

I dettagli sul flirtare

Quando si pensa ai siti di flirt, non si può lasciare alla mente l'essenza della seduzione e lasciarsi godere la natura del buon vecchio benessere. Flirtare ha un modo di far sentire bene una persona e di godersi il meglio delle relazioni, qualunque esse siano, da quelle sessuali, flirtare e matrimoniali. L'essenza del flirtare non è il matrimonio o una relazione, anche se le relazioni di quella natura prendono anche quella dimensione.

C'è un'interazione umana tra uomini e donne che manca nel flirtare. Se riesci a dare il meglio di te, puoi facilmente goderti il meglio della seduzione e del flirt divertente, che ti farà trasudare sicurezza che non puoi trascurare. I siti web di flirt ti permettono di verificare diverse dimensioni del flirtare e anche di ottenere e praticare la fiducia in se stessi lungo la strada. È essenziale sapere dove stai andando nelle tue istanze di flirt, dal punto di soddisfazione sessuale al far durare di più un'unione.

Queste sono alcune delle cose cruciali che fanno flirtare gli individui; anche corteggiare un singolo uomo o donna è tra queste. Quando hai trovato qualcuno in cui puoi credere, devi iniziare a frequentare e flirtare, cosa che in alcuni casi è difficile da realizzare nel senso moderno. Ci sono molti metodi per vedersi fuori dall'attuale dilemma, dove potresti non essere fortunato nel trovare i single giusti per flirtare nella vita.

I siti di flirt ti danno la possibilità di avere un sacco di cose che il mondo esterno non può fornire, e sarai a flirtare e incontrare single più velocemente di quanto tu possa dire 'ti amo'. I siti di flirt sono risorse di diverse cose che potresti cercare, e ti danno cose incredibili che puoi provare per divertirti e scoprire l'essenza dell'amore. Puoi anche corteggiare una donna o un ragazzo a flirtare con te offline in una relazione. È essenziale trovare i siti web giusti quando scegli di andare in quella direzione, così alla fine, puoi avere ciò che ti fa amare te stesso.

Attraverso i siti di flirt, troverete un sacco di flirtare singolo che hanno interessato flirtare e soddisfare con persone come te, e sarete sorpresi da come abbondanza sono. Flirtare siti web forniscono la possibilità di trovare anche l'amore e iniziare una relazione come si flirta e anche prendere piacere nello spirito di matchmaking nel vostro flirtare. Dovrebbe essere qualcosa che ti piace, in modo che alla fine della giornata si potrebbe finire con trionfi distinti, nel trovare qualcuno con cui si può flirtare e anche una relazione.

Saprai come è essenziale capire cosa rende felice una persona, in modo tale che flirtando con gli altri, si acquisisce esperienza come si fa sentire bene gli altri, non c'è assolutamente nulla che batte la risorsa flirtare in questi siti web flirtare. Hai la possibilità di frequentare e goderti i passi distinti sul flirtare. Un sacco di siti di flirt hanno risorse sul flirtare, e si otterrà molto come si continua con il processo.

CAPITOLO SESTO

Come impostare un profilo perfetto online

Produrre il miglior profilo da utilizzare su qualsiasi piattaforma di social media è il lavoro più stressante sperimentato dalle persone. Modelli attraenti e intriganti sono il risultato di molti tentativi di autopromozione e di guadagno da parte di altre persone. Non si tratta di un regalo mistico da parte degli dei degli appuntamenti, del lavoro o di altri che sovrintendono alle attività sul web del genere umano. I passi per avere un profilo universale e attraente sono il risultato del guardare le cose in modi che nessun altro fa.

I profili sono spudoratamente umani

Nonostante una marea travolgente di regole e politiche da parte degli amministratori dei siti web, ognuno ha formato punti di vista diversi su ciò che un profilo deve avere. È sicuro assumere che i migliori profili saranno in linea con la funzione del sito su cui sono pubblicati.

Alcuni siti di lavoro richiedono profili che evidenziano le qualifiche per una data professione. I blog più popolari sono migliorati da profili che hanno un background esaustivo nel trattare gli argomenti in questione.

Trovare le linee guida per il profilo perfetto sembra come gettare una bistecca in una tana di leoni, e poi chiedere agli animali di scegliere chi ha il vantaggio di ogni porzione. In altre parole, la creazione del profilo è difficile! Il mistero della creazione di un ottimo profilo personale per un ampio uso di Internet e dei social media è illuminato in modo ordinato.

Perché dovresti creare un profilo?
La prima linea di interazione nell'era digitale è un profilo del pubblico. Questo è vero per qualsiasi tipo di sito web.

Non diversamente da numerose nuove routine e abitudini autonome, produrre un profilo è diventato praticamente insensato. Provate a tornare indietro ed esaminare la produzione di un profilo personale come un bambino di terza elementare analizzerebbe le sue prospettive di essere scelto da un nuovo gruppo di kickball. Utilizzando regole specifiche, i profili web sono aperti a tutti ma sembrano dare le migliori opportunità a coloro che capiscono come giocare. Le ispirazioni standard dietro la creazione di un profilo personale hanno bisogno di:

- Aggiunta a un gruppo o pool di persone online
- Aderenza alle norme dell'interazione online contemporanea
- Mostrando chiaramente le qualità personali, le storie e gli obiettivi per tutti da controllare e vedere
- Offrire un servizio per entrare in contatto con persone che la pensano come te
- Soddisfare i bisogni e gli obblighi professionali
- Metodi innovativi per portare un pubblico
- Discutere le qualità che sono difficili da descrivere verbalmente
- Puro divertimento, e sperimentazione utilizzando la felicità e le opere della tecnologia

- Un desiderio di essere riconosciuto dai pari, dalle aziende potenziali o dai buoni amici.

Le ispirazioni primarie dietro la creazione di un profilo personale sono condivise da molte persone, ma non rendono la produzione di uno più semplice. La maggior parte delle persone hanno una comprensione fondamentale della pubblicazione di un profilo, ma mancano di una comprensione più profonda che causa la creazione di un profilo che altre persone noteranno.

Capire il "tu".

La pubblicazione del profilo è stata ridotta a un esercizio casuale e tipico. In sostanza, ogni volta che un sito web richiede di caricare un profilo per l'accessibilità del servizio, sta veramente chiedendo una considerazione totale della vita di qualcuno. In passato, questo era necessario solo per le persone che desideravano un posto di lavoro scelto, una gestione di alto livello, o premi di realizzazione. Nel periodo moderno, sono richiesti profili completi per accedere ai siti più ordinari e tipici. Un profilo che si distingue otterrà i migliori risultati e possibilità di servizi Internet. Quindi, quali sono i segreti dietro i migliori profili?

Tra tutti, sai chi sei? Puoi specificare i desideri e le cose belle della tua vita in modo inequivocabile? Questa è la capacità necessaria per creare costantemente un profilo personale a miglia di distanza da qualsiasi altro, nonostante il sito Internet, l'applicazione o la piattaforma sociale. Prima di sviluppare qualsiasi elenco o descrizione della pagina del profilo, mettete del tempo per esaminare veramente queste qualità in voi stessi.

Queste sono le potenzialità che devono essere incluse in un profilo online affidabile e attraente. Tutto ciò che riguarda una persona è fondamentale per fare un profilo eccezionale.

- Angoli pittorici (sinistra, destra, sorridente o di poppa).
- Quali informazioni personali sono estremamente personali e quali sono di pubblico accesso.
- La tua opinione con la divulgazione di informazioni in un ambiente casuale o in un luogo segreto.
- Quale parte della tua vita sta gridando per essere ascoltata, o vuole passare inosservata?
- Cosa è nascosto nella tua vita, o non potrà mai essere esposto?
- Qualità personali che mostri quotidianamente, compresi i risultati, i pet-peeves, le credenze e i desideri.
- Occasioni cruciali del passato che hanno influenzato la tua vita (momenti Ah-Ha!).

- Preferenze per la lingua, la politica, la cultura, il cibo, il tempo libero e le qualità in altre persone.

La creazione di un profilo personale online è un modo astuto, ma brillante, di estrarre informazioni personali dagli altri che sarebbero tipicamente esposte attraverso la discussione e l'interazione faccia a faccia. La parte forse terribile del compito di pubblicare un profilo è il saltare la normale interazione umana per un post formale e approfondito. Pubblicare un profilo fa paura. Sembra permanente, ma non lo è.

Quando una fonte online richiede agli utenti di creare e pubblicare un profilo personale, sta chiedendo ignaramente agli iscritti non solo di postare un'immagine a lungo termine ma anche, un post che sia competitivo (in qualsiasi modalità sociale), con gli altri utenti del sito web. Il successo nella creazione e pubblicazione di profili personali risiede sempre nei fatti e nel lavoro.

Prima di pubblicare un profilo personale su qualsiasi sito, fai un'indagine sugli altri clienti. Prima della creazione e dell'invio di un profilo, bisogna fare uno sforzo cosciente per valutare l'aspetto e il tema dei profili postati in precedenza. La cosa bella della produzione di profili su Internet è l'alternativa di guardare gli errori e le sviste degli altri, oltre a particolari aspetti del profilo A+! Un'indagine di profili su un sito specifico trasmetterà informazioni eccezionalmente vibranti riguardo a cosa e cosa non postare. Se è necessario pubblicare il miglior profilo, una piccola ricerca non è fuori questione.

Mentre esamini altri profili, ricorda questi punti tipici del profilo. Essi consistono in:

- Immagini orribili.
- Acronimi in lingue che non tutti gli utenti capiscono.
- Uno stile troppo appariscente, che significa affermazioni sbagliate.
- Ridondanze che sembrano inventate
- Numerosi errori ortografici e grammaticali.
- Esclamazioni che sembrano contraddire il profilo.
- Mumbo jumbo, e una composizione generica che sembra non servire a nulla oltre a fornire l'accesso al sito.

Quando si cerca di creare il miglior profilo, questi esempi di cattiva scrittura sono da evitare. Le persone intelligenti che cercano profili abili e di qualità sono molto abili nell'individuare questi errori. Chiunque abbia una visione dettagliata e solida dell'obiettivo del proprio profilo terrà conto di questi errori. L'obiettivo è quello di avere un'esistenza sana e attraente su Internet senza cadere nelle tipiche trappole degli utenti.

L'essenza del profilo perfetto

Ora che tutte le regole dei profili online sono state evidenziate, è il momento di scavare più a fondo nel "nitty-gritty" della pubblicazione del profilo. La teoria e le speculazioni dovute ai profili online precedenti sono eccellenti. Cosa c'è di significativo nello sviluppo di profili perfetti?

In altre parole, l'obiettivo del profilo personale online è lo stesso di sempre. Il compito del profilo personale è quello di mettere l'utente nella migliore luce possibile, mentre riflette gli obiettivi del sito per il quale è pubblicato.

Anche se i tempi e le capacità di Internet cambiano di routine, il livello di efficienza dei profili attraenti, o meno attraenti, rimane lo stesso. I profili personali sono rappresentazioni per procura di persone reali con desideri, obiettivi, interessi e storie reali. Mentre la Rete si evolve, la natura attraente di un incredibile profilo personale non cambia mai. Le componenti dei profili da persona a persona sono costanti e pregnanti indipendentemente dal grado di sofisticazione tecnologica.

Considerate questi; è possibile progettare e pubblicare il profilo individuale più notevole per qualsiasi uso. Produrre il profilo giusto è un gioco da ragazzi quando l'utente abbraccia il fatto e capisce che i profili online sono reali, una forma unica di comunicazione tra esseri umani. Questo è costante per le persone di tutto il mondo che creano profili.

Creare un fantastico profilo personale che sia apprezzato da chiunque online è semplice come comprendere la natura degli obiettivi personali. I profili completi tendono ad essere scoperti e considerati più eccezionali da datori di lavoro, amici, compagni di studi e possibili compagni incontrati attraverso siti di incontri.

Passi per creare e pubblicare il perfetto profilo personale

Allo stesso tempo, la creazione di un profilo fornisce un ostacolo particolarmente scomodo; l'essenza di qualsiasi profilo di qualità è la semplice estensione del carattere intrinseco di qualcuno sullo schermo. Poiché nessun profilo artificioso può passare per sincero e autentico, gli aspetti migliori da utilizzare sono quelli usati nella comunicazione convenzionale. Questi attributi consistono in onestà, umorismo, linguaggio brillante, buoni aneddoti, rispetto per la storia e un'offerta chiara e diretta di sentimenti e desideri reali.

In breve, il miglior profilo è una replica digitale di qualcuno che pubblica il profilo. Nonostante le complessità della tecnologia moderna, i migliori profili personali per qualsiasi scopo online sono quelli che trasmettono accuratamente le reali caratteristiche intellettuali, fisiche e spirituali dei loro sviluppatori umani.

- Questa esposizione mette in evidenza gli elementi più essenziali per sviluppare il profilo perfetto.
- Come si sviluppa il profilo personale ideale per i siti sociali o professionali?
- Quali informazioni e caratteristiche dovrebbero essere lasciate fuori ed escluse?
-

Un'analisi delle basi necessarie per un perfetto profilo personale online.

- Nomi utente

Il miglior nome utente non deve mai essere fatto attraverso battute di tasti casuali. Deve resistere alla prova del tempo e alla memoria dello sviluppatore. Sarà usato spesso. Un nome utente unico deve sempre:

- Seguire gli standard per la presentazione del nome utente del sito
- Essere completamente confidenziale, ma unico, e non un bot

- Avere aspetti dei gusti e degli interessi scritti in abbreviazioni o acronimi
- Essere semplice da determinare se presentato come un puzzle omofonico o un gioco di parole
- Essere costruito correttamente (significato senza maiuscole, o punteggiatura finale e segni).

Un grande nome utente non dovrebbe mai;

- Sottolineare un sentimento di odio verso qualcuno o un gruppo
- Essere ripugnante
- Essere completamente casuale
- Esporre codici di sicurezza, password o username di un altro sito
- Copia il nome di un altro utente strettamente associato
- Essere improprio per la revisione da parte di un potenziale datore di lavoro, ente governativo o fornitore di servizi online.
- Indirizzi fisici e numeri di telefono

Gli unici indirizzi fisici e numeri di telefono che dovrebbero essere collegati a un profilo online sono indirizzi postali ufficiali e numeri di contatto diurni o aziendali! Un solo indirizzo o numero di telefono sulla parte centrale di un sito o di un'App garantita. Ci deve essere una garanzia evidente e scritta da parte del sito di mantenere queste informazioni private. Annotare queste informazioni su parti di un profilo visto dal pubblico porterà sollecitazioni indesiderate, spam, e persino furto d'identità.

- Tratti fisici/aspetto, gusti e antipatie

Compila i campi previsti e i criteri del profilo con le opzioni offerte dal sito. Un sito professionale o sociale che merita di mostrare un profilo perfetto ha fatto le sue ricerche sulle possibilità dei campi di descrizione personale. Non offrire apertamente informazioni extra. I dettagli scambiati in modo indipendente seguiranno naturalmente se si crea una connessione o un richiamo.

Quando si crea un profilo per un sito di incontri, ci sono alcune eccezioni a questa regola, e accetta solo foto di testa, ma si richiede l'uso di una sedia a rotelle, questo sarebbe un pezzo di informazioni che è utile d'ora in poi. L'onestà, unita al riserbo, è sempre apprezzata al momento del primo contatto per ricerche professionali o sociali.

- Eliminare le bestemmie e i termini casuali di parti del corpo nel sommario del profilo

La maggior parte dei futuri amici e contatti salterà automaticamente i profili che insistono nel mettere un piede volgare in avanti. Il profilo personale è un'opportunità per mostrare per iscritto quanto una persona possa essere breve e attraente, in poche parole.

- Mai cercare di evitare il cinismo moderno

È spiacevole, ma un profilo ideale sarà immediatamente sospettato dal grande pubblico. Sì, alcune persone sono degne di fiducia, ma la connessione con un profilo è più cruciale di una prova di qualsiasi tipo di avanzamento elevato. Il ruolo di un profilo è quello di creare una connessione, iniziare un'interazione, guadagnare la possibilità di corrispondenza e scambiare convenevoli. L'antica conoscenza che dice: "Se è bello essere reali, probabilmente lo è", non è stata più reale che su Internet. Miliardi di occhi spietati valutano tutte le informazioni che un individuo vanta su un profilo.

- Il post del ritratto è il numero uno

Quando scegliete una foto di profilo, liberatevi di tutta l'idea moderna del "selfie". La foto di profilo perfetta è una foto candida, impeccabile, amichevole e modesta. Che senso ha produrre un profilo con parole tremende, solo per rovinarlo con una foto sgradevole? Che senso ha postare una foto della parte superiore del corpo senza testa su veri siti di incontri e relazioni?

Se l'obiettivo è una vera relazione o un futuro soddisfacente, è meglio presentarsi come si è fin dall'inizio. Sistemati i capelli, mettiti un vestito carino, trova il tuo lato migliore, e fai un ritratto rilassato che sia attraente per tutti quelli che navigano sul sito.

- Esplora molti siti

Non c'è assolutamente nulla di sbagliato nel pubblicare molti profili su numerosi siti diversi per osservare quali guadagnano più notorietà. La cosa fantastica dei profili personali è che possono essere prodotti, cancellati, modificati e migliorati per capriccio. Prenditi un altro po' di tempo usando diversi siti web per creare precisamente la descrizione scritta e visiva di te stesso che ti piace di più. Pensa a diversi modi di spiegare il tuo aspetto, i tuoi gusti, le tue esperienze e i tuoi interessi.

Prendi nota di ciò che porta le persone e le occasioni che ti interessano. Dopo diversi mesi di apprendimento per negoziare l'elaborato mondo della creazione di profili, puoi ottenere una conoscenza professionale di ciò che funziona e che è il migliore.

A volte, tieni presente che un profilo personale è un modo di presentarsi al mondo intero contemporaneamente. Questo è vero sia per i siti romantici che per quelli che promuovono lo status sociale e le carriere opzionali.

Il miglior profilo personale soddisfa tutti i requisiti del sito web su cui viene pubblicato, insieme agli interessi delle altre persone che utilizzano lo stesso sito. Non c'è bisogno di dare dettagli molto personali o sensibili, ma c'è tutta la necessità di rivelare abbastanza per renderti attraente e avvicinabile. Il tempo investito in siti dove hai un profilo vibrante, toccante e fantastico pubblicato è essenziale. Più il tuo profilo è costruito in modo mirato e raffinato, più controllo avrai sulla tua vita di flirt online!

CAPITOLO SETTE

Capire il potere della seduzione

Nel corso degli anni, la seduzione è stata per lo più collegata all'aggiustamento e al browbeating. Ma la seduzione è un'arte. Il modo più efficace per sedurre la tua cotta (o appassionato che sia), è prima di tutto essere te stesso. Ora potreste pensare che non siete abbastanza attraenti o abbastanza belli per sedurre qualcuno! Ma credetemi, la seduzione non ha molto a che fare con il vostro aspetto, quanto con il modo in cui vi sentite su voi stessi e come usate le vostre migliori qualità a vostro vantaggio. Alcune delle più efficaci e famose seduttrici del nostro tempo sono state donne che hanno scoperto come utilizzare al meglio ciò che avevano.

Come uomo, non devi essere molto bello, sofisticato o soave per affascinare la donna che desideri.

Nei film, dobbiamo aver incontrato una femmina che chiede al maschio se sta cercando di sedurla, e dopo questo, lei sorride e dice che sta funzionando. Questo potrebbe avvenire in un film; tuttavia, nella vita reale, perché la seduzione sia veramente affidabile, non si può notare. Quando la persona che viene sedotta non lo sa onestamente fino a dopo che l'atto è stato fatto, la seduzione è al suo meglio.

Pensi di essere seducente quando sei semplicemente affascinato? Intendo dire che quando permetti a te stesso di riconoscere per primo le tue qualità uniche, le cose che piacciono ai tuoi amici o che il tuo partner ha discusso come ciò che ama di più di te. La prossima volta che sei intorno a quella persona che vorresti attirare o catturare la sua attenzione irradia semplicemente quelle qualità eccezionali che ti fanno brillare. Gli uomini in genere dicono che la qualità che li accende in una donna è la fiducia in se stessi e la sicurezza di sé. Gli uomini autentici vogliono donne autentiche, e le donne autentiche vogliono ragazzi autentici.

Nell'Arte della Seduzione ci sono un paio di cose in più da sapere:

- **Fate attenzione al vostro aspetto:**

Non devi esagerare, ma vestirti con qualcosa che mostri le tue migliori qualità. Se non vi truccate (donne), provate ad indossarne un po'. Questo vale anche per i ragazzi.

- **Sentirsi bene con se stessi:**

Non puoi sentirti sexy o eccitato se ti senti triste o depresso. Prima di andare a quell'appuntamento con il tuo tesoro o a quella festa, sentiti bene con te stessa e sii innamorata di te stessa. Tieni presente che quando sei con lui o lei, l'energia che esibisci è ciò che li attirerà. Non essere arrogante ma sicura di te. La tua sensualità verrà fuori quando irradierai la tua energia premurosa come donna o la tua potente esistenza come uomo.

- **Scopri come flirtare nel modo giusto:**

La seduzione comporta spesso un po' di flirt; quindi, imparare a flirtare con il movimento del corpo, gli occhi, il sorriso e anche le parole può fare la differenza nel sedurre efficacemente la persona scelta.

- **Sii sincero con te stesso**

Non cercare di imitare il modo di essere seducente di qualcun altro. Se ti piace ballare e sei a casa tua, allora indossare qualcosa di bello e ballare per il tuo amante sarebbe la cosa da fare. Allora permettete che si manifesti, se siete un brillante conversatore o qualcuno a cui piace far ridere la gente.

Nel Tantra, tutto ciò che si fa è considerato un atto spirituale d'amore. La seduzione è un'arte, quindi una volta che ci vuole pratica; è un'abilità appresa, e pochissime persone nascono con essa. Parte dell'essere qualcuno fiducioso nel giocare in questo modo è qualcuno a proprio agio nel proprio corpo e con la propria sensualità. Ricorda di mettere a terra la tua energia prima, respira profondamente, e diventa il dio o la dea incarnata mentre entri nella stanza e guarda cosa succede.

Sedurre gli uomini senza che lo sappiano

Vuoi imparare come sedurre i ragazzi senza che lo sappiano? Sei pronta a imparare i segreti su come ottenere l'uomo che desideri? Desideri essere una specialista quando si tratta di sedurre gli uomini? È facile se conosci le regole della seduzione.

Alcune donne sono semplicemente nate bellissime e la maggior parte delle volte non hanno veramente bisogno di sedurre gli uomini per ottenere la loro attenzione. Tuttavia, quando si tratta di seduzione reale, l'aspetto non conta veramente. Hai solo bisogno di imparare le tecniche su come ottenere l'attenzione di un ragazzo ed essere un esperto nel sedurre ogni uomo che vuoi.

- Il tuo profumo

Le donne ora hanno una dolce fragranza naturale che piace agli uomini; il tuo profumo può ancora fare una distinzione significativa. Tra i segreti su come sedurre gli uomini c'è quello di usare un aroma o un profumo seducente. Tuttavia, assicurati che non sia troppo forte da risultare praticamente fastidioso. Basta usare un profumo che sia appena sufficiente per essere sentito quando si passa vicino a qualcuno. Anche se l'uomo non ti ha ancora visto in faccia quando sente il tuo profumo, guarderà assolutamente nella tua direzione.

Il potere di vestirsi

Gli uomini trovano attraenti le donne che indossano abiti sexy. Non c'è bisogno di essere rivelatori o succinti. Si tratta di come ti porti con qualsiasi cosa tu stia usando. Tuttavia, la vera tecnica su come sedurre gli uomini quando si tratta di vestiti è rivelando un po' di pelle ma poi ha ancora un tocco del tuo lato conservatore. Come donna, non vuoi perdere il rispetto di te stessa mostrando troppa pelle. Puoi mostrare le tue lunghe gambe lisce o le tue grandi spalle.

Lo sguardo

Non c'è niente di più estremo del modo in cui guardi un ragazzo. Avresti bisogno di conoscere il modo giusto per dargli un indizio che sei interessata quando si tratta di sedurre i ragazzi. Fissatelo e lasciate che vi sorprenda a fissarlo, ma poi distogliete immediatamente lo sguardo riducendolo, e poi lanciate lentamente un'altra occhiata nella sua direzione. Se sta ancora guardando, provate a guardare un po' più a lungo e poi distogliete lo sguardo, ora includete un piccolo sorriso sul vostro viso: un sorriso che sembri umiliato dal fatto che vi abbia sorpreso a guardarlo. Questo è un altro trucco su come sedurre gli uomini.

--Mostragli le tue mosse

Sappiamo tutti quanto sono ricchi gli uomini. Ora, il tuo sguardo dovrebbe essere più lungo, mettici più significato, gli uomini non possono resistere alle donne che sanno come eccitare l'interesse di un ragazzo.

Come sedurre gli uomini è qualcosa che ogni donna dovrebbe imparare. La parte migliore è sedurre i ragazzi è quando non hanno idea che sei stata tu ad iniziare la seduzione e non lui.

Come sedurre segretamente un uomo?

C'è un modo per sedurre un uomo senza che lui capisca che lo stai facendo? Una persona timida può sedurre un ragazzo?

Il modo migliore per ottenerlo è quello di sedurlo, se c'è un uomo che state cercando. Ma questo può essere difficile per le donne che sono timide o che non hanno la fiducia per sedurre un uomo.

Scoprire cosa gli manca in una relazione

- Scopri cosa gli manca nella sua vita.

Scopri cosa la sua ragazza non sta facendo bene! Può avere una bella scollatura, ma potrebbe non essere lì per lui intellettualmente. Quindi, trova questo punto debole e poi sfruttalo a tuo vantaggio.

- Fallo sentire apprezzato

Un uomo ama una donna che lo fa sentire apprezzato. Uno dei modi semplici per sedurre un ragazzo. È facile da fare, non costa nulla e fa sentire bene entrambi. Se si sentono sottovalutati, è stato rivelato che la maggior parte degli uomini alla fine tradiranno le loro mogli. Per questo motivo, è essenziale per sedurre il tuo uomo fargli capire quanto significano per te e mostrare il tuo apprezzamento.

- Chiedetegli aiuto

La maggior parte dei ragazzi capisce già che siete competenti da soli, ma lo farete sentire più uomo se gli chiederete spesso il suo aiuto. Puoi chiedergli di aiutarti ad aprire un barattolo, un album delle sue foto, o chiedergli di insegnarti di più sui suoi hobby.

- Sii te stesso

Puoi sedurre gli uomini semplicemente essendo te stessa. Perché sei diversa da tutti gli altri quando sei semplicemente quella che sei, agli uomini piace la gamma e tu farai appello a questo.

La tua guida per sedurre le donne

È sempre meglio avere una regola da seguire quando si vuole imparare o padroneggiare l'arte di qualcosa. Ora, vi forniamo questo libro che vi offrirà importanti informazioni e le migliori strategie su come sedurre una donna con cui volete flirtare con successo. Una cosa è sviluppare una relazione o sapere di più su una donna. Tuttavia, è una storia completamente diversa se hai intenzione di attirare una donna ad avere una relazione sessuale con te.

Se vuoi perseguire questa impresa, ci sono diverse cose che devi prendere in considerazione. Tra tutte, la cosa più importante di cui occuparsi è il tuo aspetto o la tua presentazione. Questo comporterebbe la tua prima impressione, e questo farebbe veramente un effetto duraturo sulla donna.

Il tuo fascino fisico totale avrebbe anche qualcosa a che fare con il profumo che stai indossando, in quanto questo è uno degli aspetti più significativi che le donne stanno cercando negli uomini. Le donne amano annusare gli uomini perché questo dimostra che hanno una salute adeguata e anche i feromoni li attraggono.

Inoltre, la tua postura quando cammini o stai in piedi, e i tuoi gesti quando le parli significano molto. Una postura eretta rivela forza, che è della massima importanza per le donne. Significa che l'uomo può salvaguardarla e prendersi cura di lei. Quando si tratta di gesti, la cosa essenziale da tenere a mente è di essere dolce ma educato, così come sincero ma premuroso. Una cosa che le donne guardano è il loro sguardo. Se un ragazzo guarda abbastanza a lungo, allora potrebbe essere interessato a lei. Non ci deve essere alcuna connessione tra loro se una signora non vede questo.

Il movimento del corpo, anche se non viene notato coscientemente dalla donna, potrebbe comunque essere captato dalla mente subconscia della donna. Azioni come: sfiorare il tuo braccio con il suo, toccarle la mano, accarezzarle i capelli, sistemarti i capelli, grattarti il mento, potrebbero dare l'impressione che tu sia attratto da lei.

I gesti gentili e quelli che mostrano cavalleria come aprire la porta, far sedere la donna e così via fanno sentire una donna unica e apprezzata. In alcune occasioni, ad alcune femmine piace sentirsi un po' violate in modo sottile. Si può essere un po' permalosi in modo gentile e vedere fino a che livello la donna accetterà di essere flirtata. Una cosa tira l'altra e finite entrambi nello stesso letto.

Poi, il carattere è qualcosa che le femmine cercano di trovare nei maschi. C'è una lista impercettibile che le femmine spuntano nella loro testa per capire se farebbero clic con il ragazzo. Tra gli attributi più ricercati ci sono l'essere umoristici ma allo stesso tempo, i discorsi raccolgono. Una signora vuole qualcuno che si senta a suo agio nell'esprimere le sue idee e non si senta riluttante a dire ciò che vuole. Una testa vuota è allo stesso modo come un turn-off. Basta bilanciare, e vedrai che la donna è molto più interessata a te se puoi iniziare e gestire molto bene la tua conversazione senza annoiarla a morte. È molto meglio quando la fai sorridere, e meglio quando la fai ridere.

Potresti far cadere dei suggerimenti per farle capire che sei interessato a lei in un certo modo. Questo aumenterà la sua autostima e la farà sentire molto attraente. In questo modo, lei sarà attratta da te, figurativamente e letteralmente.

È meglio stabilire di avere tutto ciò che una donna cerca in un uomo, e in cima alla lista c'è la sicurezza finanziaria ed emotiva. Avere un compito stabile e fare abbastanza soldi potrebbe dare alla donna un senso di sicurezza nel ragazzo che sta cercando.

I complimenti sono anche sostanziali per le donne. Amano sentire quanto sono carine, quanto il loro vestito gli sta bene, quanto sono divertenti, quanto sono incredibili, e tutti i superlativi favorevoli che possono essere usati per le donne.

Con tutti questi consigli su come sedurre le donne in mente, il modo migliore per andare e il più importante di tutti è quello di essere onesto con loro sulle tue intenzioni. Probabilmente, scoprirai una donna che è più compatibile con te e con i tuoi desideri se sei sincero.

Alla fine dell'appuntamento, la tua ciliegina più potrebbe essere un gesto sostanziale e dolce come un bacio sulla guancia prima che voi due vi separate. Questo dimostra che hai avuto un tempo piacevole con la signora che aumenterà le possibilità che tu abbia una possibilità con lei la prossima volta.

Sedurre una signora è qualcosa di grande nel senso che non sempre si esercita al cento per cento del tempo, soprattutto se sei ancora nuovo nel business. Femmine diverse hanno personalità diverse, e devi avere familiarità con ognuna di loro. Dovresti comprenderle tutte per superare il muro.

Basta mettere in mente tutti questi consigli e metterli sempre in pratica. Come si dice, la pratica rende perfetti.

CAPITOLO OTTO

Continuare la conversazione

Ricorda, invece di sederti e aspettare che un'altra persona inizi una conversazione, prendi l'iniziativa. Consideralo come se tu invitassi quella persona a casa tua per cena. Come padrone di casa, il tuo compito è quello di assicurarti che il tuo visitatore sia a suo agio. Lo stesso vale per la conversazione, cerca di rendere la visita il più confortevole possibile. Quando entri in un evento o in una festa, cerca una persona da conoscere. È molto più facile coinvolgere una singola persona invece di entrare in una conversazione di gruppo, quindi comincia a cercare la "persona amichevole".

La persona amichevole è quella che ti guarda negli occhi o che non è attivamente impegnata in una conversazione o in un'altra attività.

Non importa quale sia l'occasione, una conferenza, un ricevimento, un baby shower, una festa, anche una riunione di famiglia, le persone sono in piedi da sole o sedute ad un tavolo vuoto. Basta restituire un sorriso, e metterete l'altra persona a proprio agio, come farebbe ogni buon padrone di casa!

Non solo i rompighiaccio sono un modo eccellente per iniziare una conversazione, alcune delle affermazioni sono accompagnate da domande che si possono fare per mantenere la palla in movimento. Non usare un commento da solo. Usare un commento da solo è come lanciare la palla della conversazione ad occhi bendati, senza sapere dove atterrerà o se verrà rimescolata.

Uno stato mentale amorevole prepara entrambe le parti prima del tempo rendendo facile decodificare il linguaggio del corpo. Prova questi:

Iniziare con una dichiarazione

- Che bella giornata! Qual è la tua stagione preferita dell'anno?

- Quel film mi ha veramente commosso. Come l'hai visto? Perché?

- Questo è un ristorante fantastico. Qual è il tuo ristorante preferito? Perché?

- Che riunione fantastica! Parlami delle sessioni a cui hai partecipato.

- Sono stato assente la settimana scorsa. Cosa mi sono perso?

- Sono così frustrato nel far decollare questa azienda. Avete qualche idea?

Iniziare una conversazione sembra più complicato di quanto non sia. Ascoltate questa storia vera se non siete ancora sicuri. Un programma di notizie nazionale ha messo un microfono nascosto su un signore e lo ha lasciato libero ad una festa. Il suo obiettivo era quello di iniziare più discussioni possibili con le signore usando il ridicolo rompighiaccio Hi. Tutto quello che disse fu: "Come ti chiami? "

La cosa più importante è fare il grande passo e iniziare la discussione. Quando iniziate una conversazione, sarete sorpresi da quanto sia facile e dal supporto favorevole che ricevete dalle persone. Tieni a mente le seguenti quattro azioni, e sei pronto per andare sulla tua strada verso una chat eccellente.

1. Stabilire un contatto visivo.

2. Sorridere.

3. Scoprire quella persona amichevole!

4. Date il vostro nome e usate il loro.

Tutti noi misuriamo qualcuno, capiamo se siamo dell'umore giusto per chiacchierare e valutiamo se vale la pena investire il nostro tempo. Le persone che vengono avvicinate hanno già deciso la loro volontà di rispondere, indipendentemente dalle parole dette. Spesso, le persone fanno l'errore sostanziale di presumere che non avranno nulla in comune con un'altra persona.

Permettiamo facilmente che differenze di ogni tipo ci predispongano a non impegnarci in una conversazione. Quando mi avvicino a un nuovo amico, sto gradualmente sbucciando una cipolla solo uno strato alla volta. Sono sempre colpito e grato di quanto sia interessante e significativo parlare con un estraneo.

Importante diChit-Chat

Se le tue conversazioni si vaporizzano quasi appena iniziate, o se sei un partecipante esitante ai raduni sociali e organizzativi, sei nel posto giusto. Questo capitolo vi aiuterà a ottenere le abilità di conversazione di cui avete bisogno per essere confidenti e in equilibrio in qualsiasi situazione, in particolare nel flirtare. Se metti in pratica le tecniche di base rivelate qui, ti metterai alle spalle i tuoi diavoli della conversazione. Imparerai come:

- Coinvolgere chiunque in una discussione significativa.
- Rianimare una conversazione in via di estinzione.
- Transizione verso nuove materie.

- Sentirsi più a proprio agio ai ricevimenti, alle feste e agli eventi di networking.
- Sviluppare relazioni.
- Fidanzarsi con un uomo o una donna di tua scelta
- Esci da una discussione con la bellezza.

Arrivare al grande affare.

Le chiacchiere hanno una pessima reputazione come l'umile figliastro della vera conversazione, eppure servono un ruolo vitale. Le chiacchiere sono il rompighiaccio che spiana la strada per una discussione più intima, ponendo la struttura per una relazione più critica.

Fortunatamente, riguardo alle capacità di conversazione, chiunque può scoprirle. Non tutte le persone che vedete che sorridono e socializzano felicemente lo fanno in modo naturale. Certo, alcuni sono dei chiacchieroni nati, ma molti hanno dovuto lavorarci. Si sono esercitati, hanno partecipato a workshop, hanno assunto allenatori personali e consultato libri. Non credi che sia così? Io lo so. Alcune persone prima erano smanettoni; ingegnere introverso - nessuno ha capacità ancora peggiori di loro. E più tardi, hanno finito per essere un professionista imparando le abilità e poi praticandole. È così semplice.

La prima azione è quella di lasciar andare l'idea che tutti noi siamo in qualche modo tenuti a capire come parlare con conoscenti ed estranei. Semplicemente non è reale. Non siamo addestrati su come farlo, né c'è qualche meccanismo naturale che istintivamente subentra quando ci troviamo in un dilemma conversazionale.

Un avvocato di Cleveland (Mark McCormack), che ha fondato una delle prime società di gestione sportiva negli Stati Uniti, una volta disse: "A parità di condizioni, la gente comprerà da un amico. Se le cose non sono uguali, la gente comprerà comunque da un amico".

In sintesi: è a vostro vantaggio coltivare buone amicizie con un buon livello di comunicazione.

Questo mondo moderno ci metterebbe lontano dalle nostre famiglie nucleari, comunicando con i nostri amici attraverso fax, e-mail e telefono invece di una conversazione fisica, entrando e uscendo dalle nostre case attraverso l'apriporta del garage senza comunicazione con i nostri vicini di casa.

Dipende da noi correre il rischio di iniziare una conversazione con uno sconosciuto. Non possiamo sperare che gli altri si avvicinino a noi; invece, anche se siamo introversi, sta a noi fare la prima mossa.

Parlare è economico, ma molto prezioso

Le chiacchiere sono necessarie per creare e migliorare le relazioni. Iniziate e finite sempre la vostra discussione con piccole chiacchiere per umanizzare il rapporto.

Un buon conversatore spesso stimola i sentimenti positivi che le persone desiderano avere, anche una quantità minima di chiacchiere piacevoli farà sì che una persona si ricordi di voi molto meglio di quanto si ricordi di altri.

Sviluppando le tue capacità di conversazione, puoi anche migliorare l'interazione con i tuoi figli come un killer della conversazione. Apprezzare il potere delle chiacchiere è il primo passo.

Migliorare le tue capacità di discussione può migliorare le tue capacità di gestione, abbassare la tua ansia negli scenari sociali, aumentare la tua confidenza, portarti a nuove amicizie e alla vita di flirt. Prima che te ne accorga, potresti divertirti a fare due chiacchiere!

CAPITOLO NOVE

Come comunicano uomini e donne

Uno studio di ricerca ha dimostrato che gli stili di interazione delle donne e degli uomini differiscono sostanzialmente. Questa differenza aiuterà una coppia a gestire le proprie finanze in modo più efficace e a raggiungere gli obiettivi in modo più proficuo. Sfortunatamente, questi benefici non sono riscontrati da tutti i maschi e le femmine. Poiché entrambi sono più presi dalle loro distinzioni, ed entrambi non sperimentano i vantaggi della cooperazione, la compatibilità potrebbe non emergere nelle interazioni quotidiane.

I ragazzi sono più propensi ad esprimere i loro bisogni, interessi e desideri e poi aspettano che gli altri facciano le stesse cose. Le femmine, a loro volta, sono inclini a chiedere o a terminare le loro frasi con una preoccupazione. Questo porterà spesso gli uomini a pensare a cosa vuole la loro partner femminile. Le femmine daranno gentilmente delle risposte senza esprimere esattamente ciò che vogliono.

Gli uomini parlano competitivamente di soldi: "Il mio investimento finanziario nel mercato azionario è aumentato". D'altra parte, le donne non parlano di denaro in modo competitivo. Tentano addirittura di evitare l'argomento denaro nelle loro discussioni.

Vediamo meglio i vari caratteri di uomini e donne.

Personalità degli uomini

Agli uomini piace parlare di argomenti impersonali e difficilmente confessano di avere problemi monetari e di aver bisogno di aiuto per risolverli. Sono inclini a sottolineare i piaceri della libertà dalle responsabilità e a prendere decisioni senza consultare la loro partner. Agli uomini piace andare direttamente al punto del problema o fare una cosa cruciale per raggiungere i loro obiettivi. Gli uomini vanno alla toilette per consegnare qualcosa. D'altra parte, le donne usano la toilette per incipriarsi il naso, spettegolare e stare in giro. Le donne considerano la toilette come uno spazio multifunzionale.

Quando si comunica, ai ragazzi piace iniziare a discutere un argomento a portata di mano e concentrarsi su di esso, mentre le donne fanno il contrario. Questo è causato dalla realtà che gli uomini hanno un cervello mono-tracciato, che li fa concentrare su un solo argomento di discussione. Quando la conversazione tocca altri problemi e si trascina, smettono di assorbire le informazioni rilevanti. Le donne sono più brave a parlare, a coprire molti argomenti perché hanno un cervello a più tracce.

Come comunicare con gli uomini

Il carattere dei ragazzi è più rigido rispetto a quello delle donne, e questo dovrebbe essere compreso durante le discussioni. Usare numeri specifici quando si parla con gli uomini. Usando uno stile più razionale evidenziando numeri e cifre, gli uomini saranno in grado di capire molto meglio.

Carattere delle donne

Ci sono differenze sostanziali tra il carattere degli uomini e quello delle donne. Alle donne piace parlare di se stesse, dei loro problemi monetari e non esitano a chiedere aiuto se necessario. Grazie al loro cervello multitraccia, le femmine possono parlare di vari argomenti in modo veloce, il che è una cosa notevole. Alle femmine piace sentire parole dolci che suonano come musica nelle loro orecchie. Le donne sono eccezionali nel rilevare la sincerità degli altri attraverso il loro linguaggio del corpo e il tono della voce.

Come comunicare con le donne

Le femmine, con tutto il loro fascino, sono molto più sensibili degli uomini e hanno numerose altre caratteristiche eccezionali, che hanno bisogno di un metodo delicato. Quando interagite con le femmine, cercate di evitare di andare al sodo, parlate di cose materiali e di vita quotidiana per attirare la loro attenzione, usate parole educate e gentili, usate espressioni emotive e sociali, usate un tono di voce moderato e un linguaggio del corpo decente e concentrato. Alle femmine piace formare amicizie invece di relazioni di servizio rigide e fredde.

Perché le donne sono migliori degli uomini nell'apprendimento delle lingue

Cosa è fondamentale per avere successo nell'apprendimento di una lingua straniera? Senza dubbio il desiderio reale di comunicare con altre persone. Non riesco a pensare ad un'altra ragione valida. Ecco perché le donne sono molto più brave degli uomini ad imparare le lingue. Se sei un uomo e desideri imparare una lingua, ti dirò perché ti sarà più difficile di una donna e cosa puoi fare.

Devi uscire dalla tua caverna maschile e imparare ad essere più interessato agli individui se sei un uomo che legge questo libro.

Quando si tratta di fare errori, ingoia il tuo orgoglio. Le signore hanno meno complessi sul dedicare errori perché la cosa cruciale per loro è trovare aspetti dei loro conversatori. Tutti impariamo facendo errori, è una parte naturale della procedura. Imparare una lingua non è una competizione - i maschi a volte vedono le loro restrizioni come una "sconfitta", quindi decidono di non parlare affatto.

A volte sembra che sia più difficile trovare un'intesa con il proprio uomo che con una società straniera. E si cattura l'idea che le femmine e i maschi parlano lingue diverse.

- Uh-huh.

- Mi sentite?

- Vado a guardare il calcio, parliamo dei tuoi problemi dopodomani?

Piuttosto tipicamente, un dialogo con un uomo si sviluppa dando uno dei due copioni: o tace, come un partigiano, o ti taglia corto in modo trasversale.

La questione è che abbiamo idee diverse sulla discussione e sulle aspettative dalla conversazione.

- Gli uomini si aspettano dettagli, le donne un sostegno psicologico.

- Gli uomini sono sorpresi con un'espressione: "Hanno bisogno di parlare delle loro relazioni". Possono sopportare facilmente l'aerazione di qualche problema particolare.

- Agli uomini non piace mettere in discussione, perché pensano che sia un atto di mancanza di rispetto per l'autosufficienza dell'interlocutore; le donne lo considerano come una fredda indifferenza ai loro problemi.

Abbiamo la possibilità di trovare un'intesa? Sì, dobbiamo solo seguire delle linee guida specifiche.

Principio di interazione tra uomini e donne

Regola # 1.Rivelare un problema particolare.

I ragazzi sono orientati su uno scopo concreto e chiaramente marcato della discussione - agli uomini piace che le donne siano più precise e siano dirette.

Regola n. 2. Non pensare ad alta voce.

Di regola, gli uomini pensano con calma, dicendo solo il risultato. Scelgono di mostrare le loro idee solo quando conoscono ormai una risposta concreta o, almeno, quando vedono ciò che vogliono dire. Le donne, al contrario, possono passeggiare nel nostro spazio e parlare di qualsiasi cosa ci colpisca.

Regola n. 3. Non premere su di lui!

I comandi non dovrebbero essere discussi solo nell'esercito. Se le vostre relazioni non avvengono nel luogo delle operazioni, allora è meglio dimenticare i comandi.

Regola n. 4. Non aspettatevi che vi spieghi nei dettagli.

"Non mi parla mai del suo amore! Se otteniamo questa felicità "per godere con le orecchie", la otteniamo solo durante i primi mesi della relazione. In questo modo, ci "parlano".

Raramente parlano dei loro altri sentimenti - amarezza, relazioni tese con altre persone, problemi con i subordinati o le autorità. L'espressione dei sentimenti ad alta voce è piuttosto difficile per loro. E se un ragazzo ha iniziato uno strano monologo, a malapena scegliere le parole richieste, dobbiamo essere orgogliosi dell'onore che è caduto su di noi. Per nessun motivo tagliargli la strada! Ascoltatelo con il fiato sospeso. Si può sentire questo, non tutti i giorni! L'uomo presta una seria attenzione alle cose di cui parla. Probabilmente, questo è naturale per loro: i loro severi predecessori laconici hanno eliminato i mammut, non hanno parlato con le fidanzate.

Come risolvere la situazione?

Cercate di conoscerlo: non è colpa sua se è nato uomo. Ed è molto meglio accettarlo così com'è. Anche se è possibile cambiare la natura di un uomo, questo è un processo troppo noioso.

Vale la pena tentare? Forse, è molto meglio accettare le regole del gioco?

CAPITOLO DIECI

Importanza del parlare sporco mentre si flirta

Forse lo stai leggendo perché il tuo compagno ha rivelato una passione per sentire parole sporche nel calore dell'entusiasmo. Potresti aver cercato questa pubblicazione perché sei tu quello che desidera quelle parole dolci. Forse hai intenzione di ravvivare la tua vita sessuale, o forse sei semplicemente interessato a sapere perché il tuo compagno ama chiacchierare così tanto a letto.

Forse sei già un superbo parlatore impuro che ha bisogno di originalità o di 2, o forse sei semplicemente in vena di rivedere le tue abilità birichine.

Qualunque sia la ragione, hai scelto la strada giusta per ottenere ciò che ti serve!

Parlare sporco è arrivato ad essere un sacco una componente della nostra cultura legata al sesso che è ha generato studi, incontri, forum di discussione, libri, e anche studio di ricerca galore. In verità, prima che si chiamasse "dirty talk", l'arte di affermare cose sessuali al proprio fan con l'intento di eccitare aveva un nome scientifico chiamato Lagnolalia.

C'è una buona ragione per tutto questo interesse clinico. Più dell'80% della nostra vita sessuale avviene nella nostra testa, il che significa che la memoria, il sogno e il desiderio sono alcune delle forze motrici più efficaci dietro ogni piccola cosa che facciamo a porte chiuse. Gli studi hanno dimostrato che nel momento in cui vai a fare sesso con il tuo partner, la tua mente sta portando avanti l'esperienza.

Perché non fare il discorso sporco?

Parlare a caldo con il tuo partner non solo accelera il gioco tra le lenzuola, ma arricchisce la tua vita in modi che non avresti mai immaginato. Fa sentire il tuo compagno senza dubbio eccellente per capire esattamente quanto sei eccitato, così come la tua eccitazione lo fa sembrare il miglior amante del mondo.

Questo può descrivere perché il dirty talk ti fa formicolare in tutte le aree appropriate, ma non discute perché il dirty talk più cattivo può anche essere il migliore. Un punto è dire "scopare" e ottenere un sorriso, ma un altro è dire al tuo partner esattamente come desideri scoparlo in uno dei termini più visivi che puoi immaginare. Più sporche sono le parole, meglio è. Cosa c'è di strano?

Una parola: tabù.

Dal momento in cui siamo giovani, ci viene mostrato di non dire parolacce. Dire cose cattive non è quello che fanno le grandi signore o i giovani ragazzi. Danneggiare quel tabù con un partner ti fa sentire come se stessi infrangendo le linee guida, il che di conseguenza ti fa sentire più avventuroso quando la porta della stanza si chiude dietro di te. Quelle parole sporche sono apparse dalla tua bocca, le convenzioni sociali scompaiono. Potresti arrossire come un pazzo, così come potresti anche diventare un po' paranoico e chiederti cosa succederebbe se qualcuno, Dio non voglia, ti sentisse parlare in questo modo! Potresti anche agitarti e non avere la capacità di parlare oltre un mormorio. Quando sai che hai danneggiato una barriera che potresti non aver capito che c'era nella prima area, questo è il più efficace dirty talk che apre una porta più ampia con una preoccupazione molto vitale: se puoi imprecare a letto, cos'altro puoi fare? Bestemmiare apre porte che non hai mai nemmeno riconosciuto esistere!

I discorsi specifici sono anche un'iniezione di fiducia. Non solo lo fa scaldare nel venire a conoscenza delle cose che hai intenzione di fare con lui, ma ti dà anche la soddisfazione di capire quanto ampiamente hai eccitato il tuo partner. Più si parla male, più ci si sente sexy. Questa sensualità non scompare quando lasciate la camera da letto, e la fiducia che ne traete si riversa in qualsiasi altra cosa facciate.

Soprattutto, profanare ti offre l'opportunità di articolare ciò che vuoi esattamente a letto, che sia con un linguaggio fiorito o schietto come pure al punto - in entrambi i casi, aumenta la tua possibilità di soddisfazione sessuale.

Punta sul vantaggio del dirty talk: è una verità provata che le donne che parlano delle loro richieste sessuali fanno l'amore regolarmente e sono molto più orgasmiche. Che non vorrebbe verificarlo?

La parte più importante prima di iniziare l'esperienza di imparare come bestemmiare al tuo compagno, tieni a mente una delle parti più integranti del sesso. No, non è il tuo metodo a letto, nemmeno quell'azione oh-my-god che fa sì che tutti quelli che hai toccato prima chiedano ancora di più. Non è anche il dirty talk - anche se ci piacerebbe certamente affermare che è una delle cose più vitali che si possono fare a letto, si colloca un secondo posto.

Cos'è l'intimità e l'affetto onesto.

Ci sono molte interpretazioni dell'affetto, ma quando si tratta di legami affascinanti, tutto si riduce allo stesso punto. L'attaccamento è la sensazione di essere vicini a una persona, quel calore e quel conforto che nasce dal capire bene una persona. Non è solo sesso, infatti si può avere affetto anche senza fare l'amore. L'affetto è il legame psicologico e anche la risposta che hai verso il tuo partner.

Il capitombolo più caldo non è assolutamente nulla in contrasto con il calore frizzante che viene quando l'affetto è coinvolto. Essere in sintonia con il tuo compagno, ansioso di compiacere, e anche pronto ad aprire una parte di te stesso a lui è la chiave per una fantastica vita sessuale. Questo è semplicemente l'inizio delle cose belle.

Tuttavia, anche l'intimità più profonda lascia un po' di spazio alla timidezza, ed è qui che questo libro torna utile. Credete di essere timidi anche nel parlare sporco? Quando avrai finito di leggerlo, non lo sarai più!

Questi capitoli sviluppati per portarti dai fondamenti del dirty talk al chiacchierare sporco come un professionista otterranno certamente la tua mente che corre, il tuo cuore che batte.

I discorsi sporchi non devono essere sporchi

Quando ascolti le parole "dirty talk", qual è la tua reazione iniziale? Cosa vedi in fondo alla tua mente?

Le possibilità sono quando consideri il dirty talk, e il tuo primo pensiero è qualcosa che hai visto fuori da un film porno. È sopra le righe, forse un po' imbarazzante. Forse è così "disponibile" che non si può visualizzare fare nella propria camera da letto. D'altra parte, forse è così disgustoso che ti trasforma, il che di per sé ti fa sentire un po 'bene, sporco.

Forse ricorderete una scena o due di una signora che chiacchiera senza sosta nel linguaggio più sporco che può evocare. Forse anche solo considerarlo ti fa arrossire. Tuttavia, forse ti trasforma allo stesso tempo quando inizi a scoprire il dirty talk, ti stai avventurando in un'area che ha spesso pensato di disapprovare. Indipendentemente da quanto tu sia imparziale, ci potrebbero essere momenti in cui ti senti un po' impacciato. Alcuni suggerirebbero che un segno di grande dirty talk è che ti fa contorcere sulla sedia! Tuttavia, se tutto ciò che riguarda il sesso va bene, che cosa sarebbe interessante al riguardo?

Il turpiloquio perché il film per adulti può essere banale e anche oltraggioso. Eppure il turpiloquio che senza dubbio imparerete attraverso questo libro non apparirà affatto stantio - sembrerà senza dubbio attraente, avanzato, e oh, così caldo.

In altre parole, non cercate di assumere quella star della pornografia. Stanno controllando un manoscritto, vengono nutriti con le loro battute e la realtà non è così. Nella vita reale, puoi essere più sexy di qualsiasi celebrità del porno! Ci vuole un po' di tempo per arrivarci, però, quindi prendi i punti con calma e comincia con le basi.

Tra tutti, il dirty talk non deve essere volgare. Puoi rivelare il tuo piacere - così come far salire il suo motore al massimo - con i rumori che fai. Lo informa che sta facendo qualcosa di giusto quando gemi per la soddisfazione. Gli stai dicendo quanto ti piace il modo in cui si sente dentro di te quando gemi mentre ti entra dentro. Il modo in cui sospiri quando chiudi gli occhi e fornisci la sensazione può farlo sentire come un re.

I suoni che fai, che siano gemiti, grida o solo respiri pesanti, gli diranno molto su come ti senti e su quello che desideri che lui faccia.

Anche il tono della tua voce è molto importante. La tua voce sarà resa più roca e profonda dall'entusiasmo che senti quando gli mormori all'orecchio. È una reazione del tutto naturale del tuo corpo al suo. Non c'è una sola cosa falsa in quel suono che proviene dalla tua bocca, così come il tuo fan lo riconoscerà immediatamente, nel modo in cui uno degli interessi più primitivi si dispiega.

Le parole dolci e affascinanti, così come quelle oscene hardcore, hanno la loro area, spesso solo mormorando una parola attraente, può essere molto più affidabile che semplicemente cantarla tra l'entusiasmo. Dire quanto ami i mezzi con cui ti tocca è eccellente, ma mormorarlo nel suo orecchio è molto meglio. Lasciate cadere piccoli baci lungo la parte superiore del corpo mentre sussurrate che avete intenzione di assaggiarlo. Parole essenziali, niente di vietato ai minori, ma il metodo con cui sono dette, con il tono sensuale della tua voce, è adeguato per illuminare tutti i suoi quadranti.

L'attenzione che metti su parole specifiche può produrre istantaneamente un ambiente di desiderio. Toccami proprio qui, rende chiaro dove vuoi la sua mano. Il mio turno potrebbe essere un ottimo modo per permettergli di riconoscere che desideri stare sopra. Offrirlo a me afferma; senza dubbio, lo desideri qualunque cosa sia.

Innovate con le parole semplici e tipiche che usate a letto, così come fate uso del focus per rendere manifesti i vostri sogni.

Ecco un paio di altri esempi di discorsi non sporchi:

- Quando mi tocchi lì, mi piace lì, tesoro. Questo è tutto. Ecco Non smettere.
- Quando mi guardi così, mi piace, fallo ancora e ancora! Sei così bravo che mi fa scongelare.
- Mi piace il modo in cui ti senti contro la mia pelle; il tuo corpo è eccellente. Sdraiati e permettimi di divertirmi con te per un po'!
- Hai un sapore così eccellente.
- Mi fai sentire così eccellente.
- Dimmi come lo vuoi.
- Non riesco a smettere di tremare. Ti desidero così tanto.
- Mi fai così caldo e tutto il mio corpo si sente attivo!
- Come fai a fare queste cose con me?
- Il tuo corpo mi eccita. Guarda cosa mi stai facendo.

- Hai idea di cosa mi fa questo?
- Guardami negli occhi quando lo fai.
- Adoro i punti che si possono fare con le mani.
- Sei così bravo con la lingua, bambino.
- Non ho mai provato niente del genere prima d'ora.

- Lo senti? Senti esattamente come hai fatto reagire il mio corpo?
- Questo è tra i fattori che ti amo.

Guardare i suoi occhi mentre dici quelle cose sensuali è sempre un'attrazione. I ragazzi sono animali incredibilmente visivi, quindi se possono vedere quello che stanno facendo nello stesso momento in cui lo sentono, l'effetto delle tue parole sarà senza dubbio molto più caldo.

Gli piace anche vedere cosa succede dentro di voi, a livello psicologico, dove conta. Quale appassionato non intende stupire il suo partner? Esplorando i tuoi occhi mentre gli dici qualcosa, possono vedere anche come ti senti. La combinazione del fisico e dell'emotivo è inebriante.

Questo arriva solo fino a un certo punto, vero? Se credete alle maledizioni, probabilmente vi aspettate qualcosa di un po' più deciso di questo. Prima di entrare nel merito, un altro punto da tenere a mente:

Il dirty talk ideale è fatto di parole che producono foto psicologicamente. Il dirty talk più elegante deve ridipingere un quadro di affetto e anche di calore, uno che preda ogni suo desiderio e fornisce anche una visione vivente e respirante davanti a lui. Ogni parola del vostro dirty talk deve creare quelle immagini, e anche mettervi proprio al centro di esse.

Desiderate essere non solo nel suo letto ma nella sua testa?

Iniziate a prendere confidenza con i vostri suoni e anche con la vostra enfasi. Sei pronto per iniziare a prendere confidenza con il dirty talk molto più estremo che piacerà ad entrambi.

Come ci arrivo?

Se stai leggendo questo, sei attualmente sulla strada ideale per finire per essere a tuo agio con quelle parole cattive. Imparare è il metodo migliore per superare le vostre paure, e questa pubblicazione è implicita per aiutarvi a farlo.

È inoltre una buona scommessa che attualmente state credendo un pensiero impuro o due mentre controllate, il che va bene, perché di tutto ciò che inizia nella vostra mente, cominciamo subito. Prendetevi il tempo di considerare queste domande:

- Qual è il punto più sexy che puoi immaginare?
- Quando pensi al tuo compagno, qual è qualcosa che lo riguarda che ti eccita più di ogni altra cosa?
- Pensate all'ultima volta che avete fatto sesso: qual è stata la cosa che ha fatto che vi ha fatto più piacere?
- Cosa hai fatto quando ha fatto questo?

- Gli hai detto, con parole, o con suoni, o con il movimento del tuo corpo, quanto ti è piaciuto?

- Come ha risposto?

- Pensa all'atto sessuale. Cosa ti piace di più del sesso con la tua compagna?

- Immagina il suo corpo. Cosa ti piace di esso?

- Che tipo di suoni emette?

- Quale rumore o frase specifica di lui ti eccita più di altre?

- Capisci che ci sono punti particolari che gli piacciono... quali sono? Immaginateli in uno dei dettagli più brillanti, mozzafiato e strazianti che potete trovare.

- Ti senti caldo?

Se lo siete, così come siete così propensi ad andare ancora di più con quei pensieri nella vostra testa, questo è il momento! La masturbazione è un modo eccellente per scoprire ciò che desideri.

Trovate il momento di strisciare nel letto da soli e iniziate a giocare, facendo tutte le cose che fate di solito - solo questa volta, parlatene. Dite le parole ad alta voce. Non c'è nessuno in giro a sentirti, quindi chi se ne frega se sembri sdolcinato?

Definite quello che fate. Se ti accarezzi le cosce con i polpastrelli dichiaralo, se ti strofini i seni con le mani, dichiara anche questo. I tuoi capezzoli sono duri? Dichiaralo ad alta voce. Divertiti con diverse parole per le parti del corpo. Toccatevi da soli e date un nome a ciò che state toccando.

Questo è un ottimo momento per determinare quali parole si sentono proibite. Le parole "fica" vi danno fastidio? Le parole "fica" vi sembrano più adatte?

 Qual è meno complicato da dichiarare?

Quale ti eccita ancora di più, o quale ti trasforma?

Se non hai mai reclamato queste parole prima, fallo ora, e continua a farlo finché non decidi come ti senti.

Esattamente come ti sentiresti se il tuo partner usasse queste stesse parole? Chiudi gli occhi e visualizzalo. Come reagireste? Immagina il tuo compagno che ti dice quelle parole cattive nell'orecchio. Esattamente come risponde il tuo corpo?

Trovate ciò che vi trasforma e reclamatelo più e più volte.

Essere a proprio agio nel dichiararlo a se stessi è l'unica componente della lotta. Hai raggiunto la preparazione per dirlo al tuo compagno, così, stressato su come potresti apparire o guardare quando ti lanci nel tuo dirty talk?

Comincia considerando uno specchio e anche chiacchierando con te stesso Fornisci a te stesso quello sguardo sensuale mentre dichiari precisamente quanto ti piace avere i tuoi seni strofinati. Soffia su te stessa un bacio. Quando fa quell'unico punto che ti fa impazzire, parla di come ti fa formicolare la figa.

Stai ridendo?

Bene! Ottieni le risate in questo momento, mentre siete solo tu e la ragazza nello specchio. Diventa ridicolo e anche cattivo quanto vuoi! Cercate di farvi una risata. Quanto puoi essere scioccante? Quanto oltre il lato di "là fuori" puoi andare? Divertiti!

A questo punto, potrebbe sembrare che profanare senza ridere sia una sfida, ma più funzionate nel dire quelle parole che vi fanno arrossire, molto più facile diventerà. Fare qualcosa appena è difficile, ma dopo averlo fatto cinquanta volte, all'improvviso, sembra molto meno complicato.

Alcuni individui sono preoccupati per i mezzi che senza dubbio appariranno se tentano di parlare sporco. Se siete preoccupati di come la vostra voce suonerà quando siete caldi e agitati, investite in un registratore, o utilizzate la funzione di memorizzazione vocale sul vostro telefono cellulare per registrarvi mentre vi masturbate. Ricordate, nessuno è molto probabile che lo senta, ma voi, così come voi, potete eliminarlo rapidamente dopo averlo ascoltato.

Se decidete di farlo, prendete nota di come la vostra voce si adatta man mano che vi attivate ancora di più. Quella sexy mancanza di respiro nella tua voce è ciò che sicuramente farà andare il tuo partner! Dite qualsiasi cosa vi venga in mente mentre lo fate, comprese le parole sporche. Sii creativo! Credi a quanto sembri sexy - e prendi nota delle parole che suonano particolarmente deliziose quando escono dalle tue labbra tremanti quando riproduci il nastro. Ricorda quello che abbiamo detto prima: farlo quando è difficile, ma poi, ancora di più, lo fai, più semplice diventa. Tecnica, metodo, e ancora più tecnica rende perfetti!

CAPITOLO UNDICI

Dove trovare idee

Può essere difficile sapere da dove cominciare quando si è a corto di parole sporche. Sembra che le "idee" che si scoprono nelle riviste mainstream coprano uno dei concetti più fondamentali e assolutamente nient'altro. Naturalmente, sono spesso vincolati da impegni di contenuto e non possono entrare nei puntatori di dirty talk nitty-gritty! Dove andate quando le pubblicazioni alla cassa vi permettono di scendere?

Un sacco di posti, Potresti essere scioccato dal numero di scelte che ci sono. Le idee perennemente sporche sono ovunque!

Cominciamo con uno dei più ovvi: il porno.

I grandi film porno d'epoca sono i manuali del turpiloquio. Centinaia di starlette in decine di anni hanno perfezionato i discorsi più cattivi, più osceni, più depravati che si possano immaginare.

Ci sono anche film porno dedicati interamente all'argomento del turpiloquio, e questi film potrebbero utilizzare parole che non avete mai sentito prima e che forse non ascolterete mai più. Per quanto il porno possa essere divertente, alcuni di questi film sono molto seri sul loro turpiloquio!

Se stai cercando consigli sulle parolacce, questi film sono pieni zeppi di professionisti. Alcuni di loro potrebbero essere sdolcinati, e alcuni potrebbero anche farvi ridere di gusto, ma accettate le possibilità che forniscono! Alcune delle idee nei film per adulti sono molto probabilmente

troppo oltraggiose per il principiante, tuttavia, ricercatele comunque. Suggerimenti migliori per il turpiloquio verranno dalla revisione di storie originali. Ci sono compilazioni dedicate alle parolacce, e anche qualche minuto sul web porterà migliaia di racconti che vi motiveranno. Qualunque cosa vogliate, potete trovarla - ogni piccola cosa, da frasi eccellenti per semplici e blande relazioni sessuali, a commenti hard-core adatti a quei momenti in cui ci state dando dentro di brutto. Una buona erotica deve farvi credere e allo stesso tempo farvi scaldare. Deve anche essere un tipo di erotismo "leggibile", qualcosa di adatto ad essere rivisto ad alta voce, con un lento accumulo fino al climax. Questo ti permette di avere molto tempo per trasformarti durante l'analisi, per lasciare che la tua voce diminuisca fino a quel brontolio afoso, così come per tentare il tuo compagno a diventare arrapato molto prima che tu ti affidi all'ultima pagina web.

Quando scoprite un racconto erotico da leggere, pubblicatelo (o se lo avete acquistato in un'antologia in libreria, ancora meglio!) Assicurati che il racconto che scegli di leggere non superi le cinque pagine web o due. Questo potrebbe non sembrare molto, ma voi parlate molto più lentamente di quanto recensite, quindi cinque pagine web si allungheranno fino a diventare molto tempo, abbastanza per far iniziare la festa.

Quando stai cercando suggerimenti per parlare sporco, non fare sconti ai tuoi amici più stretti.

Pensavate che fossero angeli che non si divertivano mai alla suggestione di qualche orribile e schifoso discorso? Supponete ancora una volta!

Tutti hanno tra quegli amici intimi che sembrano aver fatto tutto. È l'amico che ha provato piacere negli incontri sessuali che la maggior parte delle persone desidera, così come ha vissuto per raccontare la storia in informazioni brillanti. Ora è il momento di considerare quell'amico una possibilità di aiutarvi. Potresti ottenere più di quanto immaginavi, ma sicuramente otterrai dei consigli!

Inoltre, prendi nota di quel caro amico che non parla mai molto della sua vita sessuale. In alcuni casi, è il tipo tranquillo che ha un tipico 4 luglio a letto! Se accettano di aprirsi su quello che fanno a letto, puoi scoprire un sacco di shock che si aggirano dietro quella facciata innocente.

Le aree per ottenere nuove parole di vocabolario sporche sono innumerevoli. Ne concludiamo un paio mentre ne introduciamo alcune altre:

- Film porno: Questi sono il criterio d'oro per le chiacchiere maliziose. Per scoprire quelli che mettono in evidenza quello che stai cercando, chiedi al tuo rappresentante nella libreria di quartiere chiassosa, o vai su internet e fai una ricerca. Cerca quei film che hanno "dirty talk" o "cursing" nei tag se stai navigando online. Cerca i film che si concentrano sulla discussione se stai andando in un negozio di sesso per trovarli.

- Film tradizionali sexy: Film caldi come Lust/Caution, così come Unfaithful, sono adatti a concetti di conversazione sporca che non sono affatto sporchi. Come ricompensa aggiuntiva, puoi vedere questi film con la tua compagna e anche attivarti... tuttavia, non è come mettere in un film porno. È il più efficace di entrambi i globi!

- Erotica: Trovatelo online, o scegliete una pubblicazione in un negozio di libri importante. Ricordati di mantenere l'erotica dolce e anche breve. Un paio di grandi scelte potrebbero essere Frenzy o Got a Minute? Entrambe le compilazioni presentano storie che sono brevi e adeguate a fare una percezione veloce, ma abbastanza tempo per ottenere il fuoco che va.

- Musica: Alcune delle figure più sexy dei discorsi si rivelano nei versi dei brani. Quali canzoni ti trasformano? Quali brani hanno ottenuto la vostra attenzione quando eravate all'inizio dell'innamoramento - o della lussuria, per così dire? Torna e ascoltali. Sei destinato a scoprire alcuni suggerimenti nascosti lì.

- Amici di mentalità aperta: Probabilmente hai più di un buon amico che è desideroso di discutere di quello che succede in camera da letto, quindi prendilo in confidenza. Puoi ottenere alcuni concetti da qualcuno che li ha provati! Non preoccuparti di condividere con loro anche le tue esperienze. A volte ci vuole la condivisione per aprire le porte a molta più condivisione.- Operatori di sesso telefonico: Questi sono i professionisti, e inoltre nessuno può parlare sporco meglio di loro. Hanno sentito tutto, quindi chiamarli per chiedere consigli non sarà sbalorditivo o anche fuori dai sentieri battuti. La maggior parte di loro sarà senza dubbio più che felice di aiutarti. Ma tenete a mente, stanno facendo una vita eccellente, e possono anche fatturarvi numerosi dollari al minuto.

- Ricerca su Internet: Salta su Internet e inizia a cercare. Google è tuo amico!

State alla larga dai siti web di pornografia apparente e concentratevi invece su quei luoghi che si concentrano sul dirty talk. Avete scoperto questa pubblicazione, non è vero? Stavi già cercando nell'area appropriata!

Come si scopre più idee da vari altri settori, sarà senza dubbio iniziare avanti con un paio di per conto proprio. L'immaginazione porta a molta più creatività, che può portare a idee maliziose che non avevi anche desiderato prima di iniziare la tua ricerca del discorso più sporco.

In particolare, fate uno sforzo per valutare la nuova lingua che state imparando. Sottolinea quali elementi di essa ti eccitano di più. Fai da solo alcune domande sul parlare sporco.

- Perché quelle specifiche parole ti trasformano?

- Quali sono quelli che ti fanno passare la voglia?
- Cosa suscitano in te?
- Come puoi trasformare le parole sporche per adattarle ai tuoi desideri?
- Come puoi prendere quelle parole che funzionano bene e renderle ancora più sexy?

Ecco un suggerimento per iniziare a percorrere la strada per rendere quelle istanze tutte tue: Aggiungete degli aggettivi!

Se vi piace la parola "figa", forse otterrete come "figa calda e bagnata" anche di più. Se vi piace il suggerimento di sussurrare "amo il tuo cazzo" nell'orecchio del vostro fan, forse vi piacerebbe certamente "amo il tuo cazzo duro e pulsante" anche molto di più.

Prova diverse espressioni. Alcune potrebbero farvi roteare gli occhi, ma alla fine ne troverete una che vi farà battere il cuore. Quando riconosci di aver scoperto un vincitore, ecco!

CAPITOLO DODICI

Stabilire il palcoscenico

Ora che stai considerando le frasi di turpiloquio e le cose che puoi fare con esse, riprendiamo l'azione e diamo un'occhiata ad alcuni punti che dovresti fare prima di presentare quel turpiloquio.

Il grande dirty talk è un'esperienza per tutto il corpo. Garantito, le tue labbra stanno reclamando le parole, e anche le tue orecchie le stanno sentendo, ma che cosa riguarda il resto di te? Un eccellente dirty talk dovrebbe farvi battere il cuore, far impazzire il vostro desiderio di sesso e rendere il vostro compagno desideroso di avervi, ancora e ancora e ancora.

Non importa quanto sia grande il discorso sporco, l'impostazione fa una distinzione significativa. Il miglior dirty talk funzionerà certamente ovunque - così come noi implichiamo ovunque! - tuttavia, il mezzo più efficace per ottenere il pieno impatto della tua cattiveria è quello di rendere specifico che la fase è stabilita intorno a te. Come la celebrità di un'opera teatrale, hai bisogno di avere un'eccellente disposizione della collezione, e dopo di che, i riflettori possono irradiarsi su di te. Allo stesso tempo, tutto il resto trascolora in una storia affascinante.

Ravvivare la tua vita amorosa deve essere un'occasione continua, non semplicemente una cosa una tantum che si tenta di "vedere come va". Quindi, è il momento di dare un'occhiata estesa alla tua dimora d'amore, al modo in cui ti offri, e decidere cosa vuoi modificare

Perché ci concentriamo sulla tua camera da letto? Ci sono un paio di ragioni. Se sei nuovo di zecca nel dirty talk, potresti voler iniziare il tuo nuovo viaggio in un ambiente confortevole. E anche permetteteci di incontrarlo - non importa quanto siete audaci sessualmente, la maggior parte dei vostri incontri sessuali avverrà in una camera da letto, su un letto.

Ha semplicemente senso riempire il nido dove siete spesso, non credete?

Potresti essere tra quei fortunati che scelgono che non c'è bisogno di trasformare nulla e che l'aggiunta di un grande discorso sporco è tutto ciò di cui hai bisogno per far ripartire la parte eccitante della tua vita. Fantastico se questo è il caso! Ma date un'occhiata a questi concetti in ogni caso, così come determinare se qualcuno di loro può adattarsi bene con i vantaggi che state facendo attualmente.

Ecco alcune idee per ravvivare il tuo posto di prova e anche stabilire la fase per qualcosa di più significativo del normale. Quante di queste puoi provare stasera?

- **Cambiare l'illuminazione**. Modificare l'illuminazione nella tua camera da letto non significa che devi andare in scala reale. Basta gettare una sottile sciarpa rossa sul colore della luce per un'intima radiosità. Potete inoltre andare con speciali lampadine colorate che avranno senza dubbio lo stesso impatto. Un'altra opzione affascinante è quella di infilare una fila di luci bianche di Natale con una rete di garza e prepararla sulla testata del letto. Le luci getteranno senza dubbio uno splendore delizioso sulla vostra pelle!

- **Investire in biancheria intima**. L'unico punto molto meglio di una volpe che parla sporco è una volpe che parla sporco in lingerie calda. Scopri ciò che il tuo compagno come obiettivo di piacere! Vai con qualcosa di sexy e attraente, o scegli il risultato "innocente" che può essere così caldo mentre profani. Questo è molto semplice: basta mettere un reggiseno e mutandine di base, qualcosa di liscio e perfettamente bianco. A volte è un vero e proprio eccitamento ascoltare parole sporche che escono da una bocca piacevole e dall'aspetto innocente!

- Lisciare il letto. Lenzuola di raso, shams di seta, cuscini soffici, e anche un morbido patchwork di piume sono i migliori per vestire il vostro letto. È qui che avviene la magia e il luogo che è degno di essere il più comodo e accomodante di tutta la casa.

- Musica d'atmosfera. Le canzoni che selezioni devono suonare nella storia, ma non devono sottomettere le tue parole. Attaccati a qualcosa di estremamente generale. Non si sa mai quando si può scegliere di danneggiare il discorso sporco hardcore, e non si vuole una ballata di potere di Celine Dion giocando dietro quel tipo di attività se si cattura la deriva.

- Cestino facile da raggiungere. Mettete i requisiti delle relazioni sessuali in questo cestino e mettetelo anche vicino al letto. Lubrificanti e preservativi (se li usate), piccoli oggetti di scena (come la tua vibrazione, i grani rettali, ecc.), così come qualsiasi altra cosa che potrebbe essere pratica quando lo stato d'animo è.

- **Profumo perfetto.** Desiderate che il vostro partner tenga presente il momento, assicuratevi di usare la sensazione del profumo. L'olfatto gode di un aroma dolce per un feedback emotivo - ecco perché sei così confortato quando senti le fragranze della cucina o i profumi che ti ricordano la tua gioventù.

Non dimenticare il resto della casa! Quando entri nel serio discorso sporco hardcore, potresti scegliere di esplorare altri componenti della casa per soddisfare le tue fantasie. Dai un'occhiata in giro attualmente e determina anche i punti che possono rendere questo meno complicato. Avete bisogno di un paio di cuscini in più sul divano? C'è un grande tappeto da lancio sul pavimento della cucina per guadagnare punti più facili sulle ginocchia se si determina di scendere e anche sporcare proprio lì?

Ricordate, quando i piccoli dettagli sono curati, potete rilassarvi, e anche, più vi rilassate, molto più probabilmente sarete in grado di accendere il motore del dirty talk mettendo le parole in bocca.

A questo punto dovreste avere una buona riserva di idee per la profanazione. Avete stabilito la fase e anche reso la vostra dimora d'amore eccellente per tentare qualcosa di nuovo. Attualmente, è il momento di iniziare a impostare l'ambiente.

Non è semplice addentrarsi in qualcosa, tanto meno in qualcosa di così intimo. È meglio facilitare il vostro metodo, e qui ci sono alcuni modi a prova di errore per ottenere l'inizio del fuoco.

Inaspettatamente potrebbe essere più un'esclusione che un'eccitazione se non hai mai parlato sporco con il tuo partner prima. Considera: come reagiresti positivamente se il tuo amante usasse inaspettatamente un po' di dirty talk su di te, così come tu non avevi alcun suggerimento che stesse arrivando? Potresti avere molte più preoccupazioni che idee sexy.

Ecco perché è vitale fare passi lenti verso ciò che vuoi. Ciò che accade fuori dalla camera da letto ha un effetto significativo su ciò che accade dietro le porte chiuse, quindi inizia a tessere suggerimenti sottili attraverso la tua giornata.

Mostragli, attraverso le tue azioni e anche le tue osservazioni, che sei interessato al dirty talk. Preparati a salire su ogni possibilità che vedi per andare a fondo con quei raffinati suggerimenti!

Di seguito sono riportati alcuni concetti di base:

- Quando sei in un teatro, prendigli la mano durante le scene di sesso. Premi più forte la sua mano se senti una parola sporca. Risolvi di fargli sapere il suo tasso di interesse.

- Quando vedi una scena di sesso in tv, commentala. Un semplice "che sembra caldo" gli permetterà di capire che ti è piaciuto quello che hai visto.

- Menziona una ricerca che controlli su Internet: "Tesoro, ho controllato da qualche parte che molte coppie non parlano durante il sesso. Pensi che noi parliamo abbastanza?".

- Lascia un racconto erotico sul comodino dove riconosci che lui lo vedrà senza dubbio - Se senti qualcosa che può essere interpretato come un po' birichino, offri al tuo compagno un sorriso e anche un occhiolino. Se non cattura, descrivi perché eri così divertente.

- Prova il nuovo approccio diretto. Sfioratelo ogni volta che ne avete la possibilità, e se sentite che il suo corpo risponde, guardatelo negli occhi e dite anche: "Giornata difficile?".

Proprio come l'eccellente dirty talk non avviene da un giorno all'altro, nemmeno lo stabilire lo stato d'animo! Potete impiegare giorni o forse settimane per preparare il vostro ventilatore al dirty talk che entrambi godrete. Entrare gradualmente in esso è cruciale per renderlo oh-so-grande.

Quindi prendete in considerazione la possibilità di trasferirvi da sottili a significanti:

- Riconoscete come una nota d'amore vi fa sciogliere; perché astenersi dal fare lo stesso per lui? Prendi un set di post-it e crea dei messaggi suggeriti per i suoi occhi.
- Metti una nota nella sua valigetta, sopra i documenti essenziali, dove è sicuro di vederla. Attacca un biglietto sul volante della sua auto, così da avviare il suo motore al primo punto del mattino. Metti un bigliettino nella tasca dei suoi pantaloni, in modo che possa trovarlo quando prende il resto al bar.

Informarlo che ti piace è eccellente; dirgli che lo desideri è molto meglio. Digli quanto è sexy con quella maglietta. Qualcosa di piacevole e veloce, come "Mi manchi, stallone!" lo farà senza dubbio sorridere. Digli che ha un odore fantastico, o lodalo per la tonalità dei suoi occhi. Gli uomini amano sentire queste dolci sciocchezze tanto quanto le femmine, quindi offrigliene molte con la tua scrittura.

Vuoi essere un po' più audace? Una nota nella sua valigetta che dice: "Non sto usando biancheria intima" potrebbe distrarlo per tutta la mattina presto. Oppure una lettera che dice: "Oggi compro delle mutandine nuove e sexy" funzionerà bene per quel ragazzo con la propensione per la lingerie.

Fai una lista di controllo delle cose essenziali che attivano il desiderio del tuo uomo - tu riconosci quali sono - e componi anche delle note per premere i suoi bottoni.

È sempre più facile prendere nota dei pensieri impuri che affermarli ad alta voce, quindi fai in modo di esercitare ancora i punti chiassosi che vorresti dire a letto. Nel frattempo, diventa più esplicito con le tue note. Possibilmente create qualcosa su un atto sessuale. Per esempio, "Mi piacerebbe ottenere in ginocchio di fronte a te oggi" dipinge una foto vivida, e anche, la sua mente può immaginare cosa faresti certamente lì sotto.

Se non devi preoccuparti che qualcuno ostruisca la sua posta al lavoro, mandagli una lettera d'amore vecchio stile. Scegliete una carta maliziosa al negozio e caricatela con le vostre belle cose. O se rimani nello stato d'animo di essere un po' più tenero, tira fuori la tua cartoleria e digli esattamente quanto ti suggerisce.

Come tocco aggiuntivo, assicuratevi di fornirgli un piccolo spruzzo della sua fragranza preferita prima di metterlo nella busta e inviarlo sul suo metodo.

Quando le note fanno correre la sua mente, puoi alzare la posta. Mandagli un'e-mail con una piacevole nota d'amore. Quando reagisce, invia qualcosa di un po' più specifico. Permettetegli di tracciare un sentiero, così come potreste essere sorpresi da quanto velocemente intende andare!

Diventa sempre più bollente con ogni botta e risposta fino a che non scrivi cose che estendono le restrizioni

della vostra zona di convenienza. Tieni presente che è più semplice dire quei punti cattivi sulla carta o su un display. Questa non è la grande ricompensa! Invece, considerala una prova per vedere esattamente come il tuo partner reagirà senza dubbio al nuovo linguaggio che presenterai nella vostra vita sessuale. Se risponde con una prospettiva positiva, sai che sei sulla strada migliore.

Anche le telefonate fanno miracoli. I discorsi sporchi sottili e anche le prese in giro al telefono ti permettono di farlo provocare. Tuttavia, mantiene ancora un ostacolo fisico tra voi 2, rendendo l'intimità del dirty talk molto meno impegnativa.

Quando riconosci che non sarà in grado di rispondere al telefono, inizia a chiamare il tuo partner per tutto il tempo. Lasciate un bel messaggio sulla sua casella vocale. Anche qualcosa di semplice come "Non vedo l'ora che tu abbia una casa" farà scattare il suo grilletto, a patto che sia consegnato con la voce più sensuale che puoi gestire.

Possibilmente spiega che biancheria intima stai usando. Se dovete occuparvi delle realtà della vita quotidiana e chiamarlo con una lista di desideri, infilateci qualcosa di interessante: "Tesoro, abbiamo bisogno di uova e latte dal negozio ... così come forse una bottiglia di vino bianco ... e già che ci sei, prendi uno di quei contenitori di panna montata. La userò su di te più tardi".

Inoltre, se è fornito nella tua intonazione naturale, questo gli farà fare una doppia presa! Probabilmente ti richiamerà quando riceverà il tuo messaggio, quindi preparati ad aumentare la variabile della cattiveria. Se ti chiede cosa ti ha coinvolto, informalo che desideri che lui entri in te ... quando sarà a casa?

Quando è seduto nel traffico del sito web, parlagli. Informatelo su ciò che vi piace di lui, o meglio ancora, ditegli cosa vi ha fatto desiderare la prima volta che siete andati a dormire insieme. Capitalizzando quei ricordi sensuali sarà certamente ottenere lui assumendo per quanto riguarda avere voi a letto - che è esattamente ciò che si desidera sulla sua mente.

Attualmente, sei a letto con lui, controllando quel racconto chiassoso, o possibilmente producendo una storia tutta tua. Sei sulla buona strada per rendere i punti più caldi che mai!

Immagini creative nella vita quotidiana

Attualmente che hai superato quelle difficoltà iniziali nel presentare il dirty talk nella stanza, perché non continuare? C'è sempre spazio per migliorare! Parlare sporco è una lingua completamente nuova, e come ogni stile nuovo di zecca, ci vuole un po' di tempo per afferrare l'arte.

Il dirty talk è tutto ciò che riguarda le parole, e anche quelle parole sono tutto ciò che riguarda la produzione di immagini nella mente del vostro amante. La stanza non è l'unica area in cui si pensa al sesso, quindi perché dovrebbe essere l'unica area che si profana?

Provate altrove, utilizzando ciò con cui avete raggiunto la funzione, e potrete accendere il fuoco sensuale senza eliminare un punto di abbigliamento.

I pensieri cattivi possono essere accesi in uno dei luoghi più improbabili o ordinari. Che dire della struttura della vostra residenza, per esempio, la vostra zona cucina? L'angolo cottura ha una vasta gamma di opportunità per ottenere la tua mente in attrezzature sexy. Forse mostrategli, con le vostre azioni e le vostre parole, dove va il vostro conto quando preparate la cena. Qui sotto c'è un esempio:

Cattura il suo sguardo e accarezza delicatamente il cetriolo che intendi tagliare nella sua insalata. Avete ottenuto un pomodoro? Decidete di prenderne una porzione significativa e di dare un morso, lasciando che il succo coli sulle vostre labbra, dopo di che tiratelo via. Forse questo è un ottimo momento per informarlo di quanto sia "succoso" e "gustoso" e anche "ricco".

Forse leccando quel globo di crema dal tuo pollice e offrendogli un occhiolino otterrai senza dubbio la sua attenzione. "Ha un sapore così piacevole... quasi quanto te" farà entrare la sua mente nella stessa direzione della tua!

Provatelo mentre fate esercizio in giardino. Se sta scavando una buca per far crescere quei nuovi alberi in giardino, faccia una discussione su quanto profonda debba essere l'apertura. "Deve essere di circa dodici pollici, giusto?". Trasforma il tuo commento innocente in qualcosa di volgare. "Riconosci che mi piace profondo".

Quando ti guarda sorpreso, fagli un occhiolino e continua il tuo servizio! Lo shopping al negozio regionale di divisione detiene la possibilità illimitata di assumere chiassosi

pensieri. Tutto ciò che ha la forma di un pene è un gioco ragionevole per le carezze. Le corsie del cibo hanno un prodotto decadente dopo l'altro. Inoltre, gli utensili per cucinare possono far salire la tensione. Prendete una spatola dalla rastrelliera e sbattetela contro la vostra mano. "Questo sarebbe certamente un segno fantastico sul mio culo", si può mormorare nel suo orecchio.

Sussurrare su come i punti maliziosi possano accadere in una zona come questa. Ottenere la sua mente in movimento, così come rapidamente sarà lui a reclamare i punti per farvi arrossire!

Cos'altro funziona? Qui ci sono un paio di circostanze e raccomandazioni. Cos'altro si può credere per renderli impuri?

- Riposarsi in un bordo tranquillo al raduno dei membri della famiglia. Quale momento migliore per fare un riferimento cattivo? Rimarrà sbalordito, e molto probabilmente, non avrà la capacità di aspettare fino all'ora di andare a letto.

- All'evento di un amico. Quando tutti rimangono nel mezzo della discussione delle loro vite, chinati verso il tuo fan e sussurra silenziosamente che non ti sei ricordato di mettere le mutande. Poi fagli un sorriso mega-watt!

- Guardare una commedia in un cinema buio. Sussurrargli all'orecchio parole riguardanti i personaggi in scena. Rendile improprie.

- Guidare insieme ad una visita. Puoi lubrificare il suo motore chiacchierando di motori. Intendete diventare genuinamente creativi? Menziona i posti giusti per fare l'amore lungo il lato della strada.

- Parlare durante un pranzo lungo e piacevole. Prenditi il tuo tempo e goditi il tuo cibo, specialmente la delizia. Permettetegli di vedervi consumare e fate in modo che i vostri gesti parlino con la sensualità del cibo. Quando consumi un pezzo di quella deliziosa torta al cioccolato, lecca le piccole briciole. Ingerisci gradualmente, quando prendi una bevanda della tua acqua mentre controlli i suoi occhi.

- Al cinema, direttamente da soli! Durante le scene di sesso, sussurrandogli all'orecchio quanto ti piacerebbe farlo ora. Oppure consigliategli i giorni in cui eravate soliti costruire nel cinema in ultima fila ... potrebbe desiderare di dargli un colpo di nuovo.

- Viaggiare in un ascensore. Si possono fare raccomandazioni per scendere... o qualcosa in salita.

- In aereo. Dai, anche questo è molto semplice! Tutti desiderano iscriversi al club del miglio-alto. Chiedigli se è sufficientemente flessibile per farlo nella stanza della doccia, e sfidalo a scoprirlo.

- Navigare online. Molto probabilmente su un sito di un sexy shop chiassoso e iniziate anche a cliccare. Chiedi al tuo compagno cosa pensa di questo... o di quello... e anche di quello!

- In piedi insieme in un mare di corpi ad uno spettacolo. Quale momento migliore per massaggiare contro di lui e sussurrare punti cattivi nel suo orecchio? Sei da un sacco di individui che stanno facendo lo specifico molto circondato stessa cosa.

- Una passeggiata di mezzanotte al parco. Le opportunità di fare sesso in un parco sono illimitate. Muffle la tabella di routing e anche iniziare a nominare i concetti nella vostra testa. Potreste trovarvi da soli a sputare parole sporche mentre vi agitate sulla giostra!

I discorsi sporchi non hanno sempre bisogno di essere determinati. Comincia lentamente e in modo semplice, con riferimenti e non con parole che ti fanno arrossire. Più lui reagisce ai tuoi commenti stuzzicanti, più tu sarai senza dubbio più coraggiosa. Quando sarete a vostro agio con i riferimenti, lui sarà pronto a passare a discorsi sporchi molto più severi, che è proprio quello che volete che faccia, no?

Mettere a punto i tuoi discorsi in camera da letto

Avete costruito l'intimità al di fuori della stanza, così come avete chiarito i vostri pensieri sul dirty talk. Siete diventati fantasiosi con note d'amore, e avete anche fatto alcune telefonate sexy. Siete stati entrambi spazzolati via dalle prese in giro e anche dal riferimento periodico, e attualmente, state entrambi camminando con un piccolo rimbalzo nel vostro passo. Avete anche provato a recensire l'erotismo per lui, e siete riusciti a farvi attivare entrambi con le parole.

Ma quelle erano le parole di un'altra persona. Attualmente, è il momento di iniziare a produrre le proprie.

Non sapete da dove cominciare? Non siete soli. Ma a questo punto, devi avere un buon suggerimento di ciò che aiuta il tuo compagno. Ancora meglio, hai un eccellente concetto di ciò che ti aiuta. Riconosci ciò che ti eccita, e ti rendi conto di ciò che sostiene entrambi. Tienilo a mente mentre decidi cosa è più probabile che tu dica al tuo compagno per rompere il ghiaccio del dirty talk.

Iniziate con i riassunti del suo corpo. Tenete presente che non deve essere determinato! Qui ci sono alcune raccomandazioni su dove cominciare:

- Digli quanto è forte.

- Digli quanto ti trasforma quando dai un'occhiata alle sue braccia muscolose, o al suo tronco centrale, o alle sue gambe lunghe e sexy.

- Ha un seno peloso? Digli quanto ti piace aggrovigliarci le dita.

- Ha i capelli lunghi? Quando fa l'amore con te, informalo di quanto ti piace vederli cadere intorno al suo viso.

- Ha le spalle larghe? Definisci come ci si sente a tenerle mentre lui si sposta sopra di te, come ti fa sentire al sicuro e anche protetto, o come la sua dimensione ti fa sentire sottomesso.

- Raccontagli di guardarlo dall'alto in basso quando sei sopra, e di quanto ti piace vedere il godimento nei suoi occhi.

Non dovresti avere problemi a trovare le cose che ti piacciono del corpo del tuo ammiratore. C'è una ragione per cui ami andare a letto con lui, e un fattore per cui intendi rendere la tua vita sessuale ancora più calda: hai ottenuto un uomo fantastico! Digli questo, e ogni piccola cosa che ti viene in mente riguardo a quanto sia fantastico.

Diventa un po' più specifico man mano che i punti si riscaldano. Attualmente è quando puoi menzionare punti ancora più intimi che lo riguardano, e usarli per sostenere il tuo dirty talk. Ecco un paio di consigli ancora più specifici:

- Digli quanto ti piace sentirlo dentro di te

- Gemete, riguardo a quanto è spesso, o esattamente quanto è lungo, o come vi sta.

- Digli quanto ti piace quando fa magie con le sue dita, tra le tue gambe, sui tuoi capezzoli, ovunque sul tuo corpo.

- Digli quanto sono difficili le tue zone dei capezzoli.

Se riesce a sentire esattamente quanto sei bagnata, - Chiediglielo.

- Ricordategli che è lui quello che avete sognato ad occhi aperti per tutto il giorno.

Chiedigli di parlare anche con te. Cosa gli piace sentire quando è a letto con te? Qual è il suo ambiente ideale? Cosa gli piace vedervi fare? Qual è la sua ultima fantasia? Qual è stato il suo minuto preferito tra tutte le volte che avete fatto l'amore? Cosa lo ha reso

così unico? Motivatelo un po' se è timido, e anche lui inizierà sicuramente a ricambiare con i suoi pensieri.

CAPITOLO TREDICI

Flirtare conDiscorsi sporchi in pubblico

Sesso telefonico, sexting, cybersex, e-mail ... questi sono tutti punti che mantengono il dirty talk solo tra te e il tuo compagno. Che dire di quel lato pervertito di te, quello che grida precisamente quanto severamente desideri il tuo partner, e non importa dove?

Potresti essere in un parco pubblico, una stazione ferroviaria, un negozio di sconti, la banca, o forse alla gita di famiglia. Forse ne avete bevuto uno di troppo alla festa di Natale, o probabilmente siete pronti a farlo in piscina. Qualunque sia il caso, avete voglia di parlare in modo poco pulito e siete in pubblico. Niente paura!

L'importanza di chiacchierare sporco in pubblico è di assicurarsi che nessuno capisca esattamente quello che stai dicendo. Potrebbero credere, certo; tuttavia, che importa? Non possono chiamarti fuori se non lo riconoscono con certezza! Se riesci ad ottenere il tuo partner caldo e arrapato mentre rimani in una configurazione libera, sei destinato ad avere un po' di azione estrema quando ricevi in un luogo personale e remoto.

Ecco alcuni consigli per iniziare a bestemmiare in pubblico:

- Sussurralo. Anche i discorsi sporchi più volgari e selvaggi possono essere enunciati con un sussurro. Dichiaralo con un sorriso sornione e lascia che le tue labbra sfiorino l'orecchio del tuo appassionato mentre lo informi su ciò che intendi fargli più tardi o su ciò che desideri che loro facciano a te. Anche se si tratta di un'osservazione breve e divertente, qualcosa sulla falsariga di "Vorrei scoparti", è sufficiente per ottenere la sfera di rotolamento.

- Mostralo. Dillo con gli occhi. Permetti al tuo compagno di sapere che lo desideri incidentalmente; lo consideri. I grandi discorsi sporchi possono includere anche più di semplici parole! Sfida a considerare il culo limitato e adorabile della tua fan con la lussuria negli occhi. Fai in modo di essere catturato mentre lo fai! Se vuoi andare dritto al fattore, lascia cadere i tuoi occhi sul suo inguine, soffermati lì per un po', e poi richiama dritto nei suoi occhi. Ogni maschio degno di questo nome riconoscerà esattamente cosa significa quello sguardo!

- Scivolare via. Mettete il tempo di nascondervi per un momento e godetevi anche un po' di desiderio. Forse si può individuare un corridoio appartato così come un poliziotto una sensazione. Forse potete rubare un profondo bacio alla francese mentre siete diretti verso la zona cottura per rinfrescare la vostra bevanda. Quando vi allontanate, assicuratevi di mettere i vostri sentimenti in parole. Rendeteli estremamente chiari e puntuali. "Vorrei staccarti sul tavolo della cucina" è un ottimo modo per far alzare le sopracciglia del tuo amante!

- Lascia che sia il tuo corpo a parlare. Quando sei vicino, sfiora i tuoi busti contro la sua schiena. Lasciate che i vostri fianchi si tocchino. Metti il tuo braccio intorno a lui. Fai scivolare il tuo passo su una zona inappropriata al momento, e dopo, però, solo per un minuto, prima. Qualsiasi altra persona può capire cosa sta facendo quella mano ruvida. Chinati e usa le tue parole sconce per finire la foto psicologica.

- Di allusioni ce ne sono a bizzeffe! Quando qualcuno dice qualcosa di del tutto innocente, ma tu lo senti con un metodo assolutamente sconcio, una delle parti più belle del dirty talk in pubblico è quel minuto. I pensieri impuri si accumulano, uno dopo l'altro. Più i tuoi pensieri sono sporchi, più è probabile che tu veda i commenti più innocenti come opportunità oscene. Per esempio, se una persona dice che fuori fa caldo, potete chinarvi verso il vostro compagno e dire: "Non così caldo come probabilmente farà più tardi! Il doppio significato non sarà certamente sparso su di loro, e anche così via, si sarà senza dubbio essere scherzando le migliori osservazioni "innocenti", così come ottenere acceso allo stesso tempo. Fate del turpiloquio in pubblico un gioco che fate insieme.

Alla festa di un buon amico? Parlate di come vi piace la preferenza di quei "tiratori" di gelatina e spiegate delicatamente che il bagno è più che sufficiente per due. Se sei in uno stato d'animo molto avventuroso e sai che il tuo partner è in qualcosa di un po' più "intrigante", gioca a discutere su quale persona all'evento del tuo amico sarebbe la più rumorosa a letto, o quale vuoi accogliere per un trio.

Abbiamo parlato di come il dirty talk crea immagini nella mente, immagini che offrono di trasformare il tuo partner. Parlare di quello che stai facendo a letto, o chiedergli cosa desidera che tu faccia, sblocca una discussione più approfondita.

Le persone fanno un sacco di punti nel calore della passione che di solito non farebbero, così come scoprirete rapidamente che affermano cose che spesso non affermerebbero, pure. Un sogno si traduce in un altro, e un altro ancora, e rapidamente potreste trovarvi a controllare una zona che non avreste mai fatto, se non aveste scoperto questo nuovo linguaggio scurrile.

Nel calore dell'interesse possono essere fatti dei commenti che ti stordiscono, ti mettono in imbarazzo e addirittura ti scioccano. Potreste ascoltare dei punti che non avevate mai previsto, e non potreste riconoscere come reagire.

Ma prima di angosciarvi, considerate questo: quando siete attivati al di là di un'idea o di una considerazione cosa appare dalla vostra bocca? Siete anche consapevoli dei piccoli gemiti e dei sospiri che non sembrate poter aiutare? È la stessa cosa con una fantasia brillante - se è nella vostra testa, è molto probabile che venga reclamata prima o poi, indipendentemente da quanto sia volgare o proibita.

Questo è uno degli aspetti notevoli del sesso strabiliante: distrugge il filtro che normalmente regola la tua bocca!

Cerca di contenere il tuo shock per quello che viene detto se il tuo compagno si sente libero di chiederti punti che non hai mai ascoltato prima. Tieni a mente: senti queste cose perché hai costruito l'affetto tra voi due, e la condivisione di queste fantasie richiede una misura significativa di conteggio.

Non sentiresti le sue idee più intime e i suoi trucchi se non si fidasse di te! Il fatto che ti abbia appena detto qualcosa di così intimo riguardo ai suoi desideri parla molto di quello che prova per te. Sii grata che possa affermare tali punti!

Certo, molti di questi sogni possono indurre al panico. Potrebbe essere qualcosa di semplice come chiederti di indossare stivali a tacco alto e calze a rete a letto, o potrebbe essere qualcosa di sbalorditivo come discutere che gli piacerebbe vederti con una donna o un uomo in più!

Le immagini che il tuo appropriato dirty talk dipinge nella sua testa potrebbero gonfiarsi in immagini che non hai mai visualizzato che ci sarebbero state. Questa è una progressione tipica, e anche se all'inizio potresti rimanere sbalordito, è vitale tenere a mente che questo aumento di affetto è un punto eccellente.

Cercate di non farvi turbare dalle fantasie che associa, ma non prendetele nemmeno come il vangelo. Le ricerche rivelano che il novanta per cento dei sogni è proprio questo: una visione. Sono cose che ti eccitano quando le pensi, ma che potresti evitare in tutta la vita, se ne hai la possibilità.

Molte persone parlano di ciò che vorrebbero fare, o di ciò che potrebbero tentare un giorno, ma pochi lo perseguono veramente. La fantasia di solito è sufficiente. Condividere quei sogni può portare a del gran sesso tra voi due, ma non suggerisce necessariamente che lui desideri fare quel fantastico sesso con tre o quattro... o anche di più!

Se ti piacciono i discorsi sporchi, sei già abbastanza imparziale. Mantieni quella mente aperta quando sei nel calore della passione e anche discutendo di sogni. Chi se ne accorge? Potresti entrare nella situazione ed essere così eccitato, e finisce per essere anche una tua fantasia!

Quando i giochi in camera da letto sono finiti, e siete solo voi due nell'afterglow, potreste iniziare a chiedervi le cose che sono uscite dalla sua bocca. Ha parlato precisamente di quanto sarebbe bello vederti con un altro maschio? Gli piace avere due donne a letto con lui?

Si possono sentire delle cose selvagge quando le inibizioni sono sciolte

Se sei completamente fiducioso nella tua partnership e pronto ad essere avventuroso come lui, con tutti i metodi, parla di ogni sogno che ti viene in mente. Non c'è assolutamente niente di più caldo che capire una mente subdola legata al sesso che il tuo compagno ha, così come aprire quella porta può portare a qualche conversazione estrema e potrebbe portare ad alcune esperienze intense che non hai mai sognato di perseguire!

CAPITOLO QUATTORDICI

Comunicazione sessuale efficace

La comunicazione è una chiave potente mentre si fa l'amore. Parlando di ciò che vi succede *mentre fate l'amore,* cominciate a radicarvi saldamente nel vostro corpo e in questa esperienza sessuale, portando in primo piano le sensazioni interne del corpo. Stiamo contattando la realtà attraverso il corpo, e quindi creando il momento presente. La comunicazione supporta uno spostamento dalla mente al corpo, dal pensare al sentire, dal fare all'essere. Attraverso l'attenzione alla realtà all'interno del corpo, i suoi diversi sentimenti e sensazioni, possiamo allontanarci dalla mente inquieta, dai suoi pensieri e dalle sue emozioni.

Molti di noi sono così presi dal pensiero che hanno pochissima consapevolezza del o nel corpo, quindi la comunicazione è essenziale. Condividi con il tuo partner ciò che senti *nel tuo corpo,* dove lo pensi e quando lo senti. Se lo fate, vi troverete a diventare miracolosamente vivi, sensibili e presenti.

Condividere il tuo momento presente

Purtroppo le persone raramente si parlano sinceramente del loro momento presente, specialmente quando fanno sesso. Si risolverebbero molti problemi se lo facessimo.

Infatti alcune coppie si rendono conto che non parlano mai così tra di loro nella vita quotidiana, figuriamoci in amore. Hanno iniziato a notare che sono sempre alla deriva tra la pianificazione di vaghi desideri futuri.

Condividere ciò che sta accadendo mentre accade crea intimità e apertura indiscutibile, che vi aiuta a rimanere radicati nel corpo, consapevoli e presenti insieme, dove l'amore prospera. È importante dire al tuo amante cosa senti nel tuo corpo, o nel tuo cuore, e sii specifico ogni volta che puoi. Non nascondete nulla. Continuate un lento dialogo mentre fate l'amore, raccontandovi quello che succede dentro di voi, con pause rilassate nel mezzo.

L'idea generale è che tenendo traccia, creiamo un'enorme consapevolezza di ciò che sta accadendo. E questo cambia l'intera qualità dell'esperienza. Dà vita e coscienza all'esperienza. Evitate i silenzi prolungati o imbarazzanti per evitare di andare alla deriva. Usa le parole per portare te stesso e l'altro nel presente. Io lo chiamo "condividere il tuo presente". Questo stabilisce una base fattuale tra di voi e dà una ritrovata libertà. Non si tratta di una confessione, ma di semplici parole per articolare in modo veritiero diverse sensazioni all'interno del vostro corpo. Questo aumenta la vostra consapevolezza, intensifica la sensibilità e l'energia del corpo si espanderà di conseguenza.

Parlare di tutto questo

Con la pratica, troverete il modo di comunicare in modo che il vostro amante riceva informazioni positive su come il vostro corpo risponde e si apre. Siamo tutti simili, ma anche individuali. Ci possono essere cose che vi piacciono dopo che vi siete già riscaldati, ma spesso troppi stimoli inizialmente possono portare ad uno stile di fare l'amore che è caldo e orientato all'orgasmo. Oppure la stimolazione riduce la tua sensibilità.

Rallenta mentre ti avvicini all'altro. Prendetevi il tempo di percepire il vostro corpo e anche quello del vostro amante. Chiedetegli cosa gli piace e come gli piace. Condividete anche, direttamente e dolcemente, il come e il dove toccarvi. Prendete la loro mano nella vostra; mostrategli cosa funziona meglio per voi. Parlate di tutto questo. E parlate tra di voi delle vostre esperienze amorose mentre non state facendo l'amore, perché questo è un enorme supporto alla coscienza. Inoltre, è l'argomento più succulento.